NE DIS RIEN À MAMAN…

SARAH PRESTON

NE DIS RIEN À MAMAN...

Traduit de l'anglais par Anne Bleuzen

ARCHIPOCHE

Ce titre a été publié sous le titre
Sarah's Story
par Metro, un label éditorial de John Blake Publishing Ltd, Londres.

Notre catalogue est consultable à l'adresse suivante :
www.archipoche.com

Éditions Archipoche
34, rue des Bourdonnais
75001 Paris

ISBN 978-2-37735-111-4

«Le voleur ne vient que pour
voler, égorger et faire périr.
Moi, je suis venu pour qu'on ait la vie,
et qu'on l'ait surabondante.»

Évangile selon saint Jean, 10:10

Prologue

Je m'en souviens comme si c'était hier. Mes souvenirs de cette journée sont aussi nets que les heures, les minutes et les secondes qui viennent de s'écouler ; et pourtant, cela me paraît si loin – une autre vie, quelqu'un d'autre que moi, dans un monde bien différent d'aujourd'hui. Comme j'aurais aimé que ce jour n'ait jamais existé !

C'était une belle journée d'été, en juin 1972. Je me sentais vivante, revigorée par l'éclat du soleil et la brise qui l'accompagnait. Mon cœur était empli de beaux arcs-en-ciel et de la douceur des papillons, si fragiles, si parfaits. J'avais onze ans et, comme souvent, j'avais accompagné ma mère jouer au bingo, à sa demande, au lieu d'aller à l'école.

Si j'avais su, alors, ce que les quatre années suivantes me réserveraient, j'aurais sans doute supplié le premier pensionnat venu de m'ouvrir ses portes. Ou mis fin immédiatement à mes jours. Cela peut paraître extrême ; toutefois, les événements sur le point d'advenir l'étaient bien plus encore.

J'aurais tout aussi bien pu envoyer le soleil se coucher, éteindre les arcs-en-ciel et libérer les papillons. Car une fois que le voleur d'enfance avait choisi de me rendre visite, quelles raisons de vivre allait-il me rester?

1

Il me fallait presque courir pour rester au niveau de maman, qui pressait toujours davantage le pas.

J'aimais bien ce supplément de temps passé avec elle, même si j'avais mauvaise conscience de ne pas aller en classe. Le collège était important à mes yeux, mais j'avais quatre ans devant moi : cela me paraissait une perspective suffisamment longue pour me concentrer sur mes études. « Ne t'en fais pas, chérie, me disait maman, tu rattraperas cela demain. » Au bout d'un moment, je commençai tout de même à réaliser qu'il me faudrait beaucoup de lendemains pour rattraper tout ce que j'avais raté.

Je trottinais gaiement à côté de maman en ce beau jour de juin, insouciante. Le soleil dardait ses rayons. J'adorais voir les ombres que je projetais devant moi sur le sol en courant. Par de belles journées comme celle-là, maman et moi descendions toujours par la colline, un trajet qui nous prenait environ une demi-heure. Elle me rappelait régulièrement de ne pas traîner – je traînais toujours –, de peur de ne pas pouvoir acheter les tickets de bingo qu'elle souhaitait, dès notre arrivée dans la salle. Je ne comprenais pas pourquoi elle en faisait toute une histoire : pour moi, tous ces tickets étaient les mêmes, à part la couleur, mais maman ne l'entendait pas de cette oreille. « Les tickets gagnants, disait-elle souvent, ne sont ni les premiers ni les derniers du paquet. » Telle était son explication, et nous devions donc arriver à l'heure.

Maman jouait au bingo trois voire quatre fois par semaine ; c'était une vraie drogue, même si jamais elle ne l'aurait admis. Il fallait qu'elle y aille, sinon elle était persuadée qu'elle gâchait une occasion de gagner. Et c'est pour l'accompagner au bingo qu'elle me faisait si souvent manquer les cours. Parfois je détestais cela, parfois cela ne me dérangeait pas, mais il m'était toujours plus pénible de retourner au collège après une absence. J'avais du mal à reprendre le rythme et à rattraper mon travail en retard. Mon professeur principal me demandait des mots d'absence que maman ne rédigeait jamais : « Tu n'en as pas besoin, tu n'as qu'à leur dire que tu ne te sentais pas bien. » Elle ne comprenait pas que les professeurs soient stricts et me punissent chaque fois que j'arrivais les mains vides ; elle ne comprenait pas que personne ne me croie, même quand j'étais vraiment malade ; elle ne comprenait pas que je n'arrive pas à faire mes devoirs parce que j'avais loupé des cours ; et elle ne comprenait pas que mes absences répétées me valent de plus en plus de moqueries de la part des autres élèves. Finalement, cela devenait plus simple de ne pas y retourner du tout.

La salle de bingo – un grand bâtiment en périphérie de la ville, ancienne salle de cinéma – devint ainsi ma deuxième école. Elle se composait d'une rangée centrale de fauteuils flanquée de deux autres, moins larges. Un épais tissu rouge à l'odeur de renfermé recouvrait les sièges, dont les dossiers et accoudoirs étaient d'un bois sombre et brillant. Je suppose qu'il s'agissait là des fauteuils d'origine de l'ancien cinéma – dans le style le plus traditionnel, avec l'assise qui se repliait lorsque vous vous leviez. Maman s'asseyait toujours au même endroit : au dernier rang de l'une des rangées latérales, près de la sortie. C'était sa place, tout le monde le savait. Quant à moi, ma présence était devenue si familière que plus personne ne s'étonnait de me voir assise près d'elle, à jouer avec « mes » tickets – des cartes usagées abandonnées par les joueurs et que je ramassais, afin de suivre le jeu à ma manière.

La salle était toujours peuplée des mêmes personnes : des femmes au foyer comme ma mère, issues du même milieu social, qui remplissaient leurs journées en attendant que leurs enfants rentrent de l'école. Elles ne travaillaient pas. Elles n'en avaient pas le temps : elles devaient s'occuper de leur famille et jouer au bingo. C'était un lieu très fréquenté, où les gens venaient presque tous les jours, soirs et week-ends. L'endroit n'avait rien de spécial ; il n'était ni prestigieux ni excitant. Cette salle de bingo avait simplement le mérite d'être là et de mettre un peu de vie dans le quotidien d'une classe laborieuse fatiguée, attachée à ce lieu qu'elle considérait comme le sien.

Un jour, alors que maman et moi attendions le début du jeu, confortablement installées, Jean, la dame qui tenait le bar, vint s'asseoir près de nous.

«Excusez-moi», dit-elle en faisant signe à ma mère de la laisser passer.

Maman lui sourit tandis que nous nous levions, mais une fois rassises, elle se mit à ronchonner tout bas. «Elle n'aurait pas pu s'asseoir ailleurs?», dit-elle en pointant le rang entièrement vide devant nous. Je marquai ma désapprobation d'un signe de tête, tout en me demandant pourquoi cela la dérangeait. Après tout, Jean avait acheté son ticket, elle avait bien le droit de s'installer où bon lui semblait. «Je vois clair dans son petit jeu, continua-t-elle. Elle vient faire sa curieuse.» Ma mère cachait toujours soigneusement les numéros de ses grilles, par superstition. Chanceuse, elle gagnait plus souvent qu'à son tour et les gens se demandaient quel était son secret. Ou peut-être ne voulait-elle pas que Jean découvre sa petite combine avec l'un des annonceurs.

Il s'appelait Bill. Je me rappelle la première fois que je l'ai vu dans cette salle de bingo, marchant à grandes enjambées, la tête haute. Il semblait faire corps avec l'endroit et affichait un air important, l'air de celui qui veut être perçu comme le principal rouage de la machine. C'était cependant un homme plutôt menu, aux cheveux gris gominés, portant des lunettes et des cravates absurdes attachées à ses chemises. Il était toujours charmant avec maman, s'arrêtant pour discuter avec elle à chaque occasion, mais je ne l'aimais pas. Je ne savais pas pourquoi: quelque chose en lui me mettait mal à l'aise. La petite combine de Bill et ma mère aurait pu lui coûter son emploi, aussi devaient-ils rester discrets. Il lui payait la moitié de ses grilles et, en échange, elle lui versait la moitié de ses gains. Cela finit par être très rentable pour lui.

Leur amitié n'était pas passée inaperçue. Chaque fois que maman gagnait – deux fois par semaine, à une époque –, tout le monde se retournait pour voir qui avait crié « Bingo ! » au fond de la salle. En réalisant que c'était elle, les gens semblaient gênés, en particulier si l'annonceur était Bill.

Ce dernier était marié et père d'un enfant – voilà peut-être ce qui les scandalisait, même si je pense qu'ils étaient surtout jaloux de la chance de ma mère. Mais comme sa famille vivait à une trentaine de kilomètres et qu'il n'avait pas d'horaires fixes, il avait pris un appartement sur place. Il lui arrivait de rentrer chez lui en semaine et le samedi soir, mais la plupart du temps il restait au travail. Marié, il ne l'était pas depuis longtemps et je me souviens d'une conversation qu'il avait eue avec une autre employée dans la salle :

— Ça ne t'embête pas de ne pas voir Julia davantage ?

— Elle préfère que je reste ici quand je travaille, avait-il répondu. Ça ne la dérange pas, au contraire ; elle n'aimerait pas me voir rentrer tard dans la nuit. Et je ne veux pas risquer de les réveiller, elle et le bébé.

J'avais aperçu sa femme une fois. Venue voir Bill, elle avait traversé tout le bâtiment sans jeter le moindre regard autour d'elle, comme si elle s'estimait trop bien pour cet endroit et ces gens. Personne ne l'appréciait : on la trouvait snob. Mais son absence laissait au mari le champ libre.

Bill faisait ce qu'il voulait, quelles que soient ses envies…

Ce jour-là, alors qu'il discutait de choses et d'autres avec ma mère, il lui demanda soudain si je pourrais l'aider à préparer les sandwichs proposés à la vente, au bar de la salle. «Avec plaisir», répondit-elle, ne voyant pas – ou ignorant – les regards d'avertissement que je lui lançais. Je me sentais si mal à l'aise – je ne sais pas pourquoi – que j'insistai après le départ de Bill: «Je préférerais rester ici avec toi, maman…» Mais elle était à nouveau absorbée par son jeu et ma complainte tomba dans l'oreille d'une sourde.

Quelques jours plus tard, Bill renouvela sa demande. Une fois de plus, je protestai. «Ne sois pas stupide, répondit ma mère. Je serai toujours là quand vous aurez terminé!»

Ces «coups de main» durèrent environ deux semaines. Après avoir aidé Bill, je retournais m'asseoir auprès de ma mère. Il m'accompagnait toujours et s'arrangeait pour obtenir que je l'aide encore les jours suivants. Souvent, maman se contentait d'opiner, accaparée par le jeu au beau milieu duquel nous l'interrompions.

Je détestais ses hochements de tête, sans bien savoir pourquoi.

2

Je suis née en 1962 dans une grande cité industrielle du nord-ouest de l'Angleterre. Autrefois, la ville où j'ai grandi résonnait du bruit des sabots sur les pavés et des aiguilles s'activant sur les métiers à tisser des nombreuses usines et fabriques alentour. Les filatures de coton qui avaient façonné cette ville ont dominé son existence pendant près de deux cents ans et, durant cette période, elle s'est agrandie si rapidement qu'on y a construit à la va-vite des rangées de logements identiques pour héberger des milliers de travailleurs dès les années 1840-1850.

J'ai passé les cinq premières années de ma vie dans l'une de ces maisons d'ouvriers. J'en garde de vagues souvenirs, mais je me rappelle bien la salle à manger : comme il y avait une cheminée, c'était l'endroit où mes sœurs et moi jouions. Je ne me revois pas assise au salon, même le dimanche, quand toute la famille était réunie. Lorsque papa regardait un film ou un match de football, nous devions aller jouer ailleurs : il ne fallait surtout pas déranger sa tranquillité, sinon il se mettait en colère. Le dimanche, c'était le jour de mon père.

Ma sœur Carolyn était plus âgée que moi, Gemma et mon frère Robert, plus jeunes. J'aurais dû avoir un grand frère, mais il est mort lorsque j'avais quatre mois. Nous voyions régulièrement nos grands-parents maternels. J'adorais mon grand-père – il avait toujours le sourire et nous racontait des histoires drôles –, mais ma grand-mère était une femme un peu dure, qui aimait prendre sa fille à défaut. Je me souviens d'un déjeuner dominical où elle s'était moquée du poulet rôti, dont la cuisson laissait à désirer :

— Qu'est-ce que tu lui as fait ? avait-elle demandé à mère.

— Rien, je l'ai mis au four.

— Eh bien, Evelyn, j'en ai cuisiné dans ma vie, des poulets, mais aucun d'eux n'a jamais ressemblé à ça en sortant du four !

Papa avait ri, mais j'avais bien senti que cette remarque avait vexé maman. Elle voulait être une bonne mère, même si elle n'y arrivait pas toujours très bien.

À Noël, mes grands-parents nous offraient un vrai sapin dont le parfum m'envoûtait. J'attendais avec impatience de me réveiller le matin de Noël pour découvrir l'arbre décoré de toutes parts, et la traditionnelle chaussette – une vieille chaussette de pêche de mon père – toujours remplie des mêmes choses : une pomme, une orange, quelques noisettes et un shilling. C'était magique. Nos parents ne nous offraient pas tous les ans des cadeaux – ils n'en avaient pas les moyens –, mais nous avions droit à un bon déjeuner de Noël : de délicieuses pommes de terre rôties et de la dinde, si nos moyens le permettaient, ou du poulet.

Nous passions ensuite l'après-midi à jouer et à faire des puzzles. Une année, Carolyn et moi avions reçu en cadeau des poupées qui pleuraient. Elles étaient si belles ! Comme on ne nous avait pas offert les vêtements qui allaient avec – cela aurait coûté trop cher –, j'habillais la mienne d'un lange en éponge. Je prenais soin d'elle comme de mon propre bébé, lui murmurant que je serais toujours là pour elle, la serrant contre moi lorsque j'avais besoin de réconfort. Je l'aimais plus que tout.

Un jour, Carolyn et moi avons fait l'école buissonnière : en chemin, ma sœur avait tout bonnement décidé de ne pas aller en classe. Influençable au plus haut point, je lui avais dit que, dans ces conditions, je n'irais pas à l'école moi non plus. Nous avons passé la journée au parc, de plus en plus affamées, et sommes rentrées à la maison en retard, car nous n'avions aucun moyen de surveiller l'heure. Furieuse, maman donna nos poupées à la voisine pour nous punir. Je me revois encore dire adieu à la mienne, en larmes, comme si l'on m'avait arraché mon enfant !

Papa était laveur de vitres et travaillait avec son frère. Leur tournée, dans les faubourgs de la ville, les occupait toute la semaine et parfois le dimanche matin. Chaque vendredi soir, ma sœur et moi l'attendions au coin de la place, près des grilles de l'église. Maman ne travaillait pas quand nous étions petits. Pour gagner un peu d'argent, il lui arrivait de garder d'autres enfants à la maison.

Quand je fus un peu plus grande, papa dut arrêter son activité pour raisons de santé et nous vécûmes des aides sociales. Notre situation était celle de nombreuses familles autour de nous : le chômage frappait beaucoup de monde. Les allocations nous permirent de nous en sortir jusqu'à ce que papa retrouve un emploi à l'usine. Entre-temps, maman avait décidé de travailler elle aussi, en tant que femme de ménage dans des entreprises. Nos deux parents se partageaient donc notre garde.

Ils étaient sévères avec nous. Lorsque nous n'étions pas sages, on nous envoyait au lit avec une fessée. Papa avait la main la plus leste, jusqu'à ce que maman se mette à utiliser une pantoufle. Il leur arrivait de nous donner des coups de ceinture, mais nous étions loin de subir ce que d'autres enfants enduraient. Je n'en détestais pas moins ces punitions, et devoir rester dans ma chambre, en particulier l'été, lorsque j'entendais les autres jouer dans la rue. Je me rappelle être descendue un jour : « S'il vous plaît, suppliai-je mes parents, je ferai plus de bêtises… »

Maman était furieuse. Elle me renvoya aussitôt dans ma chambre et enleva la poignée de la porte pour m'empêcher d'en ressortir. Après qu'elle eut répété ce stratagème à quelques reprises, je subtilisai un des tournevis de mon père. Je n'osai jamais l'utiliser pour m'échapper, mais c'était rassurant de savoir que je pouvais sortir si je le voulais.

Un été, nous passâmes notre temps à avoir des ennuis, mais il faut dire que j'étais une enfant influençable. Si quelqu'un me disait de faire quelque chose, je le faisais. Pas de questions, pas de scrupules. Je pensais que c'était la meilleure manière de se faire des amis. Un jour, je jouais avec Denise, une petite voisine. Nous traînions au coin de la rue, nous amusant à sauter du muret sur lequel nous étions assises. En regardant l'un des jardins en contrebas, nous avons repéré un gros buisson constellé de baies rouges. Denise me mit au défi d'aller en cueillir pour voir quel goût elles avaient. Ne voulant pas passer pour une dégonflée, j'en pris une pleine poignée :

— Humm, c'est bon !

Denise goûta à son tour :

— Ah oui alors !

Nous avons continué à mâchonner nos baies jusqu'à ce que l'ennui nous gagne :

— Qu'est-ce que tu veux faire, maintenant ? demandai-je à Denise.

— Et si on allait jouer dans l'ascenseur de l'immeuble, là-bas ?

— Mais tu sais bien que j'ai pas le droit de traverser la grande route sans mes parents !

— Ah… t'as peur de te faire gronder, c'est ça ?

— Non, répondis-je, souhaitant à tout prix sauver la face.

— Bon, alors on y va !

Quelques instants plus tard, nous nous amusions à monter et descendre les étages dans l'ascenseur, laissant la place quand quelqu'un avait besoin de l'utiliser. Au bout d'une demi-heure de nos allers-retours, ma tête commençait à tourner et j'avais des haut-le-cœur à chaque descente. Nous ressortîmes de l'immeuble un peu nauséeuses et Denise dut m'aider à marcher jusque chez moi.

À notre arrivée, maman n'avait pas l'air du tout contente, mais elle vit aussi tout de suite que quelque chose n'allait pas. Elle appela une ambulance qui m'emmena immédiatement à l'hôpital.

Il s'avéra que les baies que nous avions mangées étaient toxiques. J'ai eu de la chance d'être rapidement prise en charge à l'hôpital, mais cela ne m'a pas empêchée de rester tout aussi influençable.

Ma mère, toujours obsédée par son bingo, continuait d'aller y jouer régulièrement. Je l'accompagnais la plupart du temps et me retrouvais contrainte d'aider Bill à préparer des sandwichs. Il me posait des questions qui me mettaient de plus en plus mal à l'aise :

— Tu es très mignonne, me disait-il. Tu as déjà eu un petit copain ? Je parie que oui !

— N'importe quoi, me souviens-je lui avoir répondu. Je suis trop jeune pour avoir un copain.

Je tentais désespérément d'éviter ses questions, mais il persévérait à les poser. Il était toujours à l'affût d'une réponse indiscrète.

— Tu as quel âge ?

— Onze ans, dis-je fièrement.

— Tu es grande pour ton âge. Je t'en aurais donné au moins quatorze, répondit-il, le regard vitreux.

Ce regard, j'allais apprendre à le détester et à le comprendre. C'était le regard d'un homme de cinquante-huit ans se préparant à abuser d'une enfant.

3

Pourquoi moi?

Je me suis si souvent posé cette question sans jamais y trouver de réponse.

Avais-je fait quelque chose?

Avais-je dit quelque chose?

Étais-je trop souriante?

Étais-je aguicheuse?

Qu'est-ce qui, en moi, pouvait bien attirer un homme comme Bill?

Si les rêves pouvaient se réaliser, j'obtiendrais la réponse à ces questions. Et j'aurais alors le sentiment d'avoir retrouvé certaines émotions qu'on m'a volées, des fragments de mon cœur.

Un jour, Bill aborda maman: «Est-ce que Sarah pourrait venir un peu plus tard m'aider à préparer les sandwichs? Je peux la ramener en voiture, si vous voulez.»

Maman considéra la question un instant. «Ma foi, oui, répondit-elle. Du moment qu'elle est à l'heure pour le dîner.» L'après-midi de bingo se termina bientôt et ma mère s'en alla, me laissant seule avec cet homme que je connaissais à peine et n'appréciais pas du tout. «Viens, me dit Bill avec un sourire obséquieux, il faut qu'on aille acheter au supermarché de quoi garnir les sandwichs. » Il m'emmena jusqu'à sa voiture et nous roulâmes dans un silence pesant.

Une fois les courses terminées, Bill me dit qu'il avait oublié chez lui quelque chose dont il aurait besoin au cours de la soirée : nous allions passer à son appartement avant de retourner à la salle. Mon cœur s'emballa tout à coup. J'étais profondément mal à l'aise, sans savoir pourquoi. Pendant le trajet, je me sentis seule et perturbée. Les questions se bousculaient dans mon esprit, à m'en donner le vertige.

Pourquoi étais-je seule avec cet homme ?

Pourquoi maman avait-elle accepté cela ?

Le connaissait-elle vraiment ?

Depuis quand le connaissait-elle ?

Pouvait-elle déjà lui faire confiance ?

Que dirait papa en la voyant rentrer sans moi ?

Ne se rendait-elle pas compte que je pourrais avoir peur, avec cet homme qui était pour moi un quasi-inconnu ?

En arrivant chez lui, il m'expliqua qu'il avait une voisine très curieuse.

— Si jamais elle sort, dit-il, ce qui lui arrive souvent, je lui dirai que tu es ma nièce.

Je ne comprenais pas. Pourquoi mentir ? Pourquoi devais-je prétendre être sa nièce ? Je n'avais vraiment aucune envie de l'appeler « oncle Bill ». J'avais suffisamment d'oncles comme cela. Des oncles que je connaissais. Que j'aimais. Qui avaient toujours été là.

Comme il l'avait prévu, la voisine sortit de chez elle quelques secondes après notre arrivée et vint se poster près de la voiture, désireuse de lui parler. Il discuta avec elle jusqu'à la porte du bâtiment, qu'il ouvrit :

— Monte, me dit-il, j'arrive tout de suite.

En grimpant l'escalier, je me rappelle avoir été frappée par quelque chose qui me parut étrange : il y avait un énorme bocal de bonbons sur la dernière marche – le genre de bocal que l'on voit dans les épiceries. On aurait dit que ces bonbons m'attendaient, comme si quelqu'un avait su que j'allais venir.

Son « appartement » ressemblait plutôt à un studio, avec une chaise, une télévision et un lit dans la même pièce. Au bout d'un moment, il monta et se rendit directement dans la salle de bains, d'où il ressortit quelques minutes plus tard pour se servir un verre et venir s'asseoir à côté de moi. Il posa sa main sur mon genou et l'y laissa quelque temps, avant de se lever et de sc diriger vers le bocal de bonbons.

— Tu as vu ? dit-il. Tu peux en prendre, si tu veux.

— Non, merci.

Ignorant ma réponse, il y plongea la main et en ressortit quatre bonbons qu'il posa dans la mienne. Je n'en voulais pas. Je n'aimais même pas ces bonbons-là.

— Allez, lança-t-il après un silence gêné, on y retourne. Mieux vaut se dépêcher, sinon tu seras en retard pour le dîner.

En descendant l'escalier, je sentais le feu de son regard insistant. Ces onze marches m'en parurent mille. J'aurais tout donné pour être déjà rentrée chez moi.

Je n'ai jamais revu cet appartement. Il a déménagé peu après, pour un endroit où, disait-il, les gens étaient moins curieux.

Cette année-là, j'entrai au collège. Je me sentais si fière dans mon nouvel uniforme, si grande! J'allais de l'avant, je laissais l'école primaire derrière moi. Je jouerais désormais au hockey et prendrais une douche après le sport, comme les autres filles. J'avais tellement hâte de vivre tout cela!

Ma mère continua de jouer au bingo tout l'été et moi, par conséquent, d'aider Bill à préparer des sandwichs. Il lui demandait souvent si je pouvais rester un peu, proposant de me raccompagner lorsque nous aurions terminé. Je n'aimais pas cela, mais maman ne me laissait pas le choix. Leur petit arrangement lui assurait ses grilles à moitié prix, ce qui était très important pour elle, plus encore en fin de semaine quand il ne lui restait plus beaucoup d'argent. Un jour, alors que nous avions fini de préparer les sandwichs, je dis à Bill :

— Il faut que je rentre.

— Je dois d'abord passer prendre quelque chose chez moi, répondit-il sans me regarder.

— Tu ne peux pas me ramener avant? demandai-je.

— Non, répondit-il d'un ton qui n'appelait pas de discussion. Je dois passer chez moi, c'est urgent.

Cela n'avait aucun sens. J'habitais à quatre ou cinq minutes en voiture; lui, à vingt-cinq minutes.

Nous sommes arrivés chez lui. C'était une grande maison ancienne divisée en six studios.

— Je n'en ai pas pour longtemps, me dit-il en coupant le moteur. Je dois juste prendre mon carnet de chèques.

— Je t'attends ici.

— Non, répliqua-t-il sans hésiter, je préfère que tu viennes avec moi.

Je n'avais vraiment aucune envie d'entrer dans ce grand bâtiment intimidant. Je ne pensais qu'à rentrer à la maison. Tandis que nous montions au premier étage, je me sentis très mal à l'aise, surtout lorsqu'il déverrouilla la porte.

— Entre, dit-il, ce ne sera pas long.

Son appartement était étrangement conçu : il se composait d'une grande pièce divisée par une cloison qui ouvrait sur deux espaces plus petits, une kitchenette et une chambre. Un papier peint beige et crème, aux motifs fleuris, tapissait les murs du salon meublé d'un canapé, d'une table basse, d'une télévision et d'une cheminée électrique. Il y régnait une odeur bizarre et désagréable.

Bill débarrassa quelques affaires qui traînaient et se dépêcha de ranger des magazines en couverture desquels s'affichaient des jeunes femmes sans chemisier. Je me souviens m'être dit qu'il devait lire énormément, étant donné le nombre de magazines qui se trouvaient là. Il y en avait des piles aux quatre coins de la pièce. Et autant de filles sans chemisier en couverture.

Il finit par prendre un carnet de chèques dans un tiroir et le posa sur la table. Puis il s'assit près de moi et se mit à me caresser le genou. Rebutée, je lui demandai d'arrêter, mais il ne réagit pas. Un sentiment de crainte et de solitude m'envahit.

Il m'emmena vers le lit et me demanda de m'asseoir à ses côtés. Je me rappelle avoir compté dix pas dans ma tête, essayant de réfléchir à un moyen de m'échapper avant que la peur ne me paralyse.

— Je crois qu'il est temps qu'on s'en aille, dis-je doucement. Maman va se demander où je suis.

Mais Bill ne réagissait toujours pas.

Il continuait de me caresser la jambe. Ses ongles m'écorchaient. Soudain, sa main écarta ma jupe et remonta le long de ma cuisse, jusqu'à mon entrejambe.

— Tu es déjà bien formée pour une fille de onze ans, dit-il quand ses doigts touchèrent le duvet naissant.

Je hurlai en silence au fond de moi. J'avais l'impression qu'un ouragan m'emportait et me retenait prisonnière.

Pourquoi ne faisait-il pas ce que je lui demandais?

Pourquoi ne m'écoutait-il pas?

Pour n'arrêtait-il pas?

Pourquoi continuait-il à me toucher alors que je lui avais dit non?

Le «non» d'une enfant n'avait-il aucune valeur?

Au-dedans de moi, je criais: «Je ne veux pas de ça, je ne veux pas qu'un homme mette les mains sur moi! Je veux rentrer chez moi!» Mais les mots ne parvenaient pas à sortir; j'avais trop peur pour émettre le moindre son.

Finalement, je parvins à protester en me dégageant, rajustant mes vêtements, essayant de lisser les plis inhabituels de ma jupe.

— D'accord, dit-il, je vais te ramener chez toi. Laisse-moi une minute.

Sur le chemin du retour, je décidai de parler immédiatement à ma mère de ce qui s'était passé. Mais soudain, il brisa le silence :

— Ne dis rien à ta mère. Elle ne te croirait pas.

Ces mots sortis de sa bouche résonnèrent en écho à ma stupeur. Je n'en revenais pas. Pensait-il vraiment m'impressionner avec une telle mise en garde ? Bien sûr que ma mère me croirait. Ou bien… Non ?… Il avait semé les graines du doute dans mon esprit. Comment allais-je le dire à ma mère ?

Il insista :

— Personne ne te croira.

Les mots qu'il avait prononcés tournaient en boucle et tambourinaient dans ma tête, de plus en plus fort, jusqu'à devenir insupportables.

J'arrivai chez moi à 18 h 15, juste avant la nuit. Mon regard croisa celui de ma mère. Il me semblait que le désespoir se lisait dans mes yeux, mais elle ne me demanda pas si j'allais bien. Ses yeux ne s'attardèrent pas sur moi et elle continua de vaquer à ses occupations.

Savait-elle, à ce moment-là, ce qui s'était passé ?

En avait-elle la moindre idée, avant que je ne puisse lui en parler ?

Et Bill m'avait suivie dans la maison. Alors que je regardais ma mère, lui me regardait.

— Même heure demain, Evelyn ?

— Oui, très bien, répondit maman. À demain au bingo.

Et il repartit.

Je me sentis aussi seule dans cette cuisine que si l'on m'avait abandonnée dans une maison étrangère. Je montai dans ma chambre, où se trouvait ma sœur.

— Salut! fit-elle gaiement. On fait un jeu?

Je voulais en parler à quelqu'un. À cet instant précis, pendant une fraction de seconde, les mises en garde de Bill n'avaient plus aucune importance: je voulais simplement en parler à quelqu'un. Gemma était la seule personne disponible, mais elle était plus jeune que moi. Elle ne comprendrait pas.

Puis mon accès de confiance s'évanouit. Bill avait peut-être raison. Peut-être que *personne* ne me croirait.

Cette nuit-là, je pleurai dans mon lit. Mon père, qui m'avait entendue, vint dans ma chambre.

— Est-ce que ça va, Sarah?

— J'ai fait un cauchemar, mentis-je, espérant qu'il ne resterait pas auprès de moi.

— D'accord, répondit-il, avant de repartir en fermant doucement la porte.

Cette nuit-là, j'appris à pleurer en silence jusqu'à m'endormir. Et cela deviendrait une habitude pendant les semaines, les mois et les terribles années de solitude qui allaient suivre.

4

L'automne se jeta dans l'hiver, avec ses journées froides et sombres, mais maman jouait toujours avec autant de frénésie au bingo. Elle voulait à tout prix gagner. Parfois, lorsqu'elle me demandait de l'accompagner, j'invoquais un mal de ventre mensonger. « Tu allais pourtant bien, ce matin, me répondait-elle, agacée. Et tout à coup tu es malade ? » Mais certains jours, je n'avais pas le choix, surtout si mon père travaillait l'après-midi à l'usine. Ma mère ne pouvant me laisser seule à la maison, je devais l'accompagner.

Bill continuait de payer la moitié des tickets de ma mère ; en retour, je devais aller chez lui deux fois par semaine, seule, perdue et perturbée. Chaque fois qu'il m'emmenait là-bas, je ne songeais qu'à m'enfuir, mais je ne savais pas vraiment où il habitait, ni comment rentrer chez moi. Je me souviens de cette nécessité de m'enfuir qui m'animait ; mais, comme il ne prenait jamais le même chemin pour me ramener, je n'arrivais pas à trouver des points de repère. C'était sans espoir.

À mesure que les heures de ma jeune existence s'accumulaient, Bill agissait de manière de plus en plus éprouvante.

Au début, il se contentait de ses mains, mais bientôt quelque chose changea. Il devint plus entreprenant, comme s'il n'avait plus de temps à perdre. Un après-midi, chez lui, il me dit qu'il voulait me faire découvrir les sensations d'un pénis.

— Je voudrais que tu ressentes ce que ça fait à l'intérieur, me dit-il.

Je ne compris pas tout de suite ce qu'il voulait dire, mais il ne tarda pas à m'éclairer en enlevant son pantalon et son caleçon.

Il se tenait là devant moi, un petit homme chétif avec les jambes les plus drôles que j'aie jamais vues – je m'en souviens encore, même si à l'époque, bien sûr, je ne leur trouvais rien de drôle – et un pénis qui ressemblait à un vieux pruneau ratatiné.

— Tu vas devenir une jeune fille, maintenant, me dit-il d'une voix calme que je n'oublierai jamais. Une femme.

Il avança vers moi, pas à pas, en cet après-midi pluvieux, disant qu'il voulait « me pénétrer ». Je me revois pleurer et le supplier d'arrêter, mais il n'y prêta aucune attention.

— Je savais que ce serait parfait, me dit-il. J'étais sûr qu'on irait très bien ensemble.

Je restai silencieuse quand il me ramena chez moi ce jour-là. Lui n'arrêtait pas de parler, espérant m'entraîner dans une discussion, mais je n'avais rien à dire. Je savais maintenant qu'il voulait me « pénétrer » depuis des semaines. Il avait simplement pris son temps, et le mien était épuisé. Je me sentais souillée, dévalorisée et seule.

À peine garés devant chez moi, je sortis de la voiture.

— Bonsoir, Sarah, me lança-t-il d'une voix joviale. Merci pour ton aide !

J'entrai dans la maison sans même regarder devant moi, soulagée qu'il n'y ait personne pour me parler ni m'arrêter. Je m'enfermai tout de suite dans la salle de bains et frottai sans ménagement toutes les parties de mon corps qu'il avait touchées. Je ressentais sa présence jusque sous mes ongles. Pour m'en débarrasser, j'utilisai la brosse à ongles la plus dure de mon père, celle dont il se servait après avoir jardiné, et le savon noir dont je détestais l'odeur. Tout valait mieux que l'odeur de Bill. Ce rituel allait se reproduire à chaque fois que je rentrerais de chez lui.

Lorsque je repense aux événements qui ont changé ma vie pour toujours, j'ai le sentiment d'avoir été infidèle à moi-même. Pourquoi ? Parce que je n'ai jamais appelé à l'aide. Ce n'est pas grand-chose, juste deux petits mots. « Au secours. » Un jour que j'étais seule, je les ai écrits en lettres capitales.

AU SECOURS.

Mais lorsque je les ai lus à voix haute, ce n'était pas assez fort.

Dans mon cœur pourtant, je hurlais, et l'écho de ma voix revenait comme du plus profond du Grand Canyon. À chaque fois que Bill venait me chercher, je hurlais de plus en plus fort. Mais à cause de sa mise en garde, je n'ai jamais osé le dire tout haut. Et si vous ne le dites pas, personne ne l'entendra. Son avertissement – personne ne me croirait – pesait comme un boulet autour de mon cou.

Pourquoi personne ne m'a-t-il entendue ?

Pourquoi personne n'est-il venu ?

Pourquoi personne ne l'a empêché de me faire du mal ?

Pourquoi personne ne m'a-t-il sauvée ?

Pourquoi personne n'a-t-il rien remarqué ?

Je revis Bill dès le lendemain. Il me regarda, me sourit et me fit un clin d'œil. Il ne laissa rien paraître de notre secret, se comportant comme si de rien n'était. Ma vie était bouleversée à jamais, mais cela ne changeait rien à ses yeux. Il continuait de discuter avec ma mère de la chance qui lui souriait au bingo ; il continuait de lui payer la moitié du prix de ses tickets ; et il continuait, avec la bénédiction de ma mère, de m'emmener chez lui. Jamais, à ces occasions, il ne manqua d'abuser de moi. C'était la seule chose qui l'intéressait, semble-t-il, hormis les matchs de football du samedi après-midi. C'était devenu un rituel du week-end : il me lavait, abusait de moi puis s'installait devant la télévision pour regarder le match. Je devais rester assise avec lui, à attendre qu'il veuille bien me ramener chez moi. Sans ces matchs du samedi après-midi, j'aurais pu rentrer chez moi un peu plus tôt pour expurger mon corps de l'odeur de Bill...

Au fil des jours et des semaines, je n'avais plus le sentiment de vivre ma vie, mais celle d'une parfaite inconnue. Tout ce qui constituait la petite fille au seuil de l'adolescence se dissolvait dans un brouillard qui m'échappait. Ma vie d'avant Bill n'était plus qu'un souvenir flou, à la dérive.

Qu'avais-je donc fait pour mériter un tel sort? Pourquoi quelqu'un, et plus encore un adulte, voulait-il infliger des choses aussi épouvantables à une enfant? J'espérais ardemment des réponses à ces questions, qui ne venaient jamais.

Peu avant mon douzième anniversaire, j'eus mes premières règles. Je savais à peu près ce que cela signifiait, mais personne ne m'avait jamais parlé des choses de la vie. J'apprenais en grandissant, sans savoir vraiment à quoi m'attendre.

Ce samedi matin, Bill arriva plus tôt que d'habitude. Il venait souvent me chercher tôt le week-end pour l'aider à «préparer les sandwichs». Ses samedis étaient toujours chargés: il fallait qu'il regarde le football, il y avait plus de sandwichs à préparer pour le week-end et c'était aussi le jour où il faisait les courses pour sa femme et lui. Je devais «l'aider», mais c'était en général après nous être rendus chez lui, où il faisait ce qu'il avait à faire.

Je détestais les samedis. C'étaient les jours les plus longs.

Je n'annonçai pas tout de suite à Bill que j'avais mes règles. J'attendis d'être chez lui. Il vint vers moi et m'emmena jusqu'au lit, un lit que je trouvais à chaque fois plus répugnant. Il commença à m'entreprendre, mais je le repoussai, ce qui le mit en colère. «J'ai mes règles, lui dis-je d'un air de défi. Tu ne peux pas me toucher.»

Son attitude changea alors du tout au tout. Une expression de rage lui déforma le visage, le rendant presque méconnaissable. On aurait dit un monstre avide de vengeance. Il se leva et s'éloigna de quelques pas, puis se retourna pour me lancer un regard qui me sembla durer des heures, avant de s'éloigner brutalement vers le salon. Je me relevai doucement en position assise sur son lit sordide, tirant sur ma jupe pour cacher mon corps du mieux que je pouvais, sans faire de mouvements brusques.

Bill se retourna, la mâchoire serrée. Il était si furieux que tout son corps tremblait de rage. Un moment, je crus qu'il allait me frapper, mais il se contenta de me fixer, les poings sur les hanches. «Pourquoi tu ne me l'as pas dit avant que je t'amène ici?», me demanda-t-il. Sa rancœur suintait dans chaque mot.

Tout à coup, je me sentis heureuse pour la première fois depuis des mois. Si heureuse que mon cœur se gonfla. Il ne pouvait pas me toucher. J'étais libre pour un temps. Libérée de lui. De son odeur. De ses sales pattes. J'avais gagné. Un moment de répit.

Mais mon soulagement fut de courte durée. Je réalisai bientôt qu'il comptait les jours, comme un homme possédé attendant patiemment le signal. À la fin de la semaine, il était de retour à la maison avec une jubilation dans le regard, et moins d'une heure plus tard je me retrouvais à nouveau dans son appartement, entre ses griffes. À nouveau prisonnière, comme un oiseau en cage incapable de fuir le danger imminent. Prise au piège d'une toile d'araignée resserrée autour de moi et dont chaque fil vibrait d'une menace.

— Tu sais que c'est sans danger, maintenant? me demanda-t-il tandis qu'il s'affairait au-dessus de moi.

Je ne voulais pas lui répondre, ni même lui demander ce qu'il entendait par là.

— Je pourrais jouir en toi… poursuivit-il, un sourire au coin des lèvres. Tu ne risques pas de tomber enceinte, puisque tu viens d'avoir tes règles.

Je me débattis sous son corps mais il me serrait trop fort. Je ne pensais qu'à une chose: dans vingt-huit jours, je serais libre à nouveau. Libre de vivre comme une enfant, une enfant normale, même si ce n'était que pour cinq jours.

Je me rappelle très bien avoir formulé un vœu, ce jour-là. Un vœu stupide et, mon Dieu, quand j'y repense, inimaginable pour n'importe quelle autre fille. Le vœu que mes règles ne s'arrêtent jamais.

5

À mesure que les jours et les semaines s'écoulaient, ma vie avait de moins en moins de consistance. Je parlais, je marchais, je mangeais, je dormais, je respirais le même air que tout le monde, mais je ne me sentais guère plus qu'une ombre dans un monde dont je me rappelais à peine l'existence.

Mes parents se disputaient de plus en plus et, à mes yeux d'enfant, leur couple semblait au bord de la rupture. Papa s'était fait licencier de l'usine et maman lui reprochait à nouveau nos problèmes d'argent. Jour après jour, les mêmes discussions recommençaient. Chaque semaine, la maison résonnait de leurs reproches incessants. Je n'en pouvais plus. J'avais l'impression de me trouver plongée au cœur d'une zone de guerre.

Un jour, Bill vint demander à ma mère si elle comptait venir au bingo. Ce n'était pas elle qui l'intéressait, bien sûr; il voulait juste savoir si je serais disponible pour ses jeux pervers. Ce matin-là, papa était encore de mauvaise humeur à cause d'une dispute. Il faillit exploser lorsque Bill ouvrit la bouche. Je savais qu'il valait mieux le laisser tranquille dans ces cas-là : par le passé, mes sœurs et moi avions toutes fait les frais de ses énervements contre ma mère. Et il avait la main leste.

Papa était tellement en colère qu'il hurla à Bill de s'en aller.

— Elle ne retournera plus jamais à ton putain de bingo ! lui cria-t-il.

En temps normal, quand mon père s'emportait ainsi, je me recroquevillais dans mon coin, pétrifiée ; mais cette fois, je débordai de joie. Si maman n'allait plus au bingo, je n'aurais plus à suivre Bill. Peut-être arrêterait-il d'abuser de moi. Ces dernières semaines, il devenait plus frénétique. Il m'avait même forcée à le regarder éjaculer. Je détournais toujours le regard. Je ne supportais pas de le voir se masturber en grognant comme un porc.

Mon euphorie fut de courte durée. De la fenêtre de ma chambre, qui donnait sur la rue, je vis maman suivre Bill jusqu'à sa voiture. Elle resta un bon moment à discuter avec lui. Je priais pour qu'il s'en aille, mais il avait remarqué que je les observais et n'arrêtait pas de lever les yeux vers ma fenêtre. Je le vis soudain donner un billet de cinq livres à ma mère, qu'elle glissa dans la poche de sa blouse tout en se tournant pour vérifier que mon père ne se tenait pas sur le seuil.

La joie qui m'avait envahie le temps de quelques malheureuses minutes disparut en un instant.

L'après-midi même, maman alla voir papa, qui travaillait dans la serre du jardin. Deux heures s'étaient écoulées depuis leur dernière discussion et elle espérait qu'il s'était calmé. Il l'accueillit sur un ton brusque mais l'on sentait que sa colère était un peu retombée. Maman lui dit qu'elle m'emmenait faire quelques courses et que nous serions de retour d'ici deux heures. Il sembla prêt à la croire et me donna même une pièce pour m'acheter des bonbons. À vrai dire, moi non plus je n'avais aucun doute. Après tout, nous n'avions pas d'argent à dépenser au bingo et mon père avait clairement exprimé son refus que ma mère y aille. Peut-être avait-elle simplement emprunté de l'argent à Bill pour aller à l'épicerie. Peut-être, sans le faire exprès, mon père avait-il mis un terme à mon calvaire. Peut-être me retrouvais-je en sécurité avant même que quiconque n'ait réalisé que j'avais besoin d'être protégée.

En partant de la maison, maman m'emmena directement acheter des bonbons, restant à m'attendre à l'extérieur. Je n'hésitai pas un instant en entrant dans la boutique : je raffolais des *sherbets*, des sucres cristallisés de diverses couleurs, en particulier les bonbons arc-en-ciel. Le goût de ces derniers n'avait rien de très différent des autres, mais c'étaient les plus jolis dans le bocal posé en haut de l'étagère. Tandis que la commerçante versait les bonbons sur le plateau de la balance, je regardais avec un émerveillement tout enfantin se mêler et se confondre toutes les couleurs de l'arc-en-ciel.

Je rejoignis ensuite ma mère, tenant mon sachet de bonbons bien serré entre mes doigts. Elle me prit la main et m'entraîna dans la direction opposée vers le quartier commerçant, mais je ne compris pas où nous allions avant d'apercevoir au loin la salle de bingo.

Ce fut un abattement. Ma mère avait menti à mon père ; et elle m'avait menti à moi aussi. Elle m'emmenait à nouveau au bingo. J'étais toujours prisonnière. Ne voyant pas la voiture de Bill à sa place habituelle, je retrouvai un peu d'espoir, vite balayé par son arrivée à l'entrée du parking, déboulant d'une rue voisine.

Je traînai des pieds derrière ma mère. « Dépêche-toi ! », me lança-t-elle d'un ton impatient, me tirant le bras.

Il m'arrive aujourd'hui encore de me demander si ma mère aurait agi différemment si elle avait su comment son « ami » traitait sa fille. Je n'ai peut-être pas le droit de supposer qu'elle n'aurait pas protégé son enfant ; mais parfois, surtout quand son couple allait mal, le bingo était la seule chose qui comptait vraiment pour elle.

Nous entrâmes dans la salle et maman fit la queue pour acheter des tickets. Je n'arrivais pas à y croire : j'étais à nouveau prise au piège. Bill s'avança vers la scène où se trouvait la machine contenant les nombreuses boules numérotées, de différentes couleurs. Il était d'usage de la faire tourner pendant quatre ou cinq minutes avant le début du jeu et je me rappelle avoir imaginé être la plus lourde de ces boules enfermées dans la sphère. Au moins, ainsi, Bill n'aurait pas pu poser ses mains sur moi. J'entendis le souffle de l'air s'enclencher dans la machine, mais ne levai pas les yeux. Je préférais fixer ma mère : si Bill avait croisé mon regard, il m'aurait souri.

Je détestais désormais son sourire plus encore que lui-même. J'y voyais des choses que les autres ne voyaient pas. Pour moi, ce n'était pas un sourire cordial, mais un sourire qui disait : « Je vais encore abuser de toi aujourd'hui. J'ai de la chance. J'ai une petite amie que personne ne connaît. Je lui fais des tas de choses et personne ne peut m'en empêcher. » Un sourire où se reflétait son plaisir pervers et immoral. Chaque seconde de ce sourire me semblait durer une heure.

Cet après-midi-là, à la pause, il vint discuter avec ma mère pendant que j'étais allée chercher un verre de jus d'orange au bar. En rentrant dans la salle, je le vis près d'elle, me bloquant le passage.

— Excuse-moi, dis-je le plus poliment possible.

— Bonjour ! répondit-il, enjoué, en se tournant lentement.

Il dut se pousser encore pour me laisser passer. Mais au moment de rejoindre ma place, il bougea de telle sorte que je le sentis se coller légèrement à moi. J'eus envie de pousser un cri, mais aussitôt, la sonnette d'alarme se mit à retentir dans ma tête, encore et encore.

« Personne ne te croira. »

Malheureusement, Bill avait raison. Personne ne me croirait.

Il était trop tard.

Je ne revis pas Bill pendant trois jours, ce qui n'arrivait que très rarement, car il passait souvent chez nous. Je jouais dans le jardin quand il finit par revenir. Ma mère m'appela. En l'apercevant près d'elle, à me sourire, j'eus les jambes en coton.

— Bill a besoin de toi pour les sandwichs aujourd'hui, chérie, lança gaiement ma mère.

— Je suis obligée? Je me sens pas très bien...

— Mais si, ça ira. Tu en as à peine pour une heure.

La colère commença à monter en moi. Je la détestais. Je les détestais tous les deux. Pourquoi ne m'écoutaient-ils pas? Cependant, une fois de plus, je me tus. Une fois de plus, je le suivis. Je n'avais pas le choix.

Je compris que les sandwichs n'étaient pas au programme à l'instant où nous passâmes devant la salle de bingo et le magasin où il avait l'habitude d'acheter les garnitures.

— Pourquoi tu as menti à ma mère? lui demandai-je. Pourquoi on va pas préparer des sandwichs comme tu as dit?

Bill ne répondit pas. Concentré sur sa conduite, il se contenta de me sourire en ralentissant au feu rouge. C'en était trop. Je voulus m'enfuir de cette voiture, mais au moment où je posai la main sur la poignée de la porte il se pencha sur moi et baissa le loquet.

— Ne prenons pas le risque que tu tombes! glousa-t-il.

Lorsque nous arrivâmes chez lui, quelque chose avait changé. Tout était bien à sa place mais je remarquai une serviette sur le lit. Il se servit un verre tandis que je restais debout près de la chaise, triturant nerveusement son dossier. Je lui dis que je voulais m'en aller, mais il ne releva pas, comme d'habitude. Il ne voulait pas perdre de temps en discussions ; il avait prévu bien plus important pour moi ce jour-là.

Il prit ma main pour m'emmener vers le lit.

Je la retirai.

Je ne voulais plus de tout cela.

Il m'agrippa fermement pour me déposer sur le lit et baissa mes sous-vêtements.

— J'arrive tout de suite, dit-il d'un ton neutre. Dès qu'il eut le dos tourné, je tentai de me rhabiller, mais il revenait déjà avec un bol d'eau et du savon.

Je ne comprenais plus rien. Que préparait-il ? Pourquoi cette eau ? Je ne tardai pas à le découvrir. Il se mit à me laver entre les jambes.

— Je me suis douchée, protestai-je en repoussant sa main savonneuse.

Pas du tout perturbé, il continua d'appliquer du savon sur mes parties intimes. Cela semblait lui plaire, sans que je saisisse pourquoi. Je me rappelle m'être dit que les adultes agissaient bizarrement. Petit à petit, il commença à glisser les doigts en moi. Je m'efforçais de penser à autre chose ; rien de précis, n'importe quoi, pourvu que mon esprit quitte cette pièce.

Au bout d'une dizaine de minutes, il me rinça et me sécha. Puis il s'agenouilla par terre devant moi, défit son pantalon et sortit son pénis en me demandant de le tenir. De jouer avec.

Pourquoi aurais-je fait cela ? J'avais des poupées pour jouer. Je n'avais aucune envie de jouer avec ça.

Sa requête me révulsait, mais je savais qu'il se mettrait en colère si je ne lui obéissais pas. Quelle sensation étrange ! Je n'avais jamais rien touché de tel. Je retirai ma main, mais il la saisit et la ramena sur son sexe, laissant cette fois sa main sur la mienne.

— Fais comme ça, dit-il, guidant mes mouvements de bas en haut. Sa respiration s'accéléra et quelque chose d'étrange apparut. Un liquide clair dont il m'expliqua qu'il était tout aussi dangereux que ce qui était apparu après, parce que ça pouvait faire un bébé. Je retirai ma main.

— J'ai pas envie de faire de bébé.

Il éclata de rire.

Je le détestais.

Il était ignoble et stupide.

J'avais envie de le frapper.

Je voulais le faire souffrir comme il me faisait souffrir.

Il me raccompagna à la maison près de deux heures plus tard. J'avais remarqué qu'il me gardait chez lui de plus en plus longtemps. Comme à mon habitude, la première chose que je fis fut de prendre un bain. Je me frottai les mains à la poudre à récurer, tant je voulais débarrasser ma peau de toute trace de lui. Papa me reprocha d'avoir utilisé toute l'eau chaude. Maman pesta aussi, car elle avait du linge à laver. Ils m'envoyèrent me coucher pour me punir de mon égoïsme.

Je les détestais tous.

Je montai dans ma chambre, fermai la porte, me déshabillai, sautai dans mon lit et pris mon nouveau livre d'Enid Blyton, *Betty la mauvaise tête*.

Bientôt, mes pensées me détournèrent de ma lecture. Avais-je été égoïste à gaspiller toute l'eau chaude ?

Pourquoi était-ce toujours moi la coupable ?

Est-ce que tout était ma faute ?

6

Quelques mois plus tard, ma mère quitta le foyer, comme j'en rêvais moi-même. Elle n'en pouvait plus de mon père et de leurs disputes. Je lui demandai de m'emmener, mais elle refusa. Elle partit avec Gemma, me promettant de revenir me chercher la semaine suivante. Elle ne tint pourtant jamais sa promesse.

Elle emménagea avec une amie dans un appartement proche du centre-ville. Peu après, elle rencontra un homme et s'installa avec lui. Elle nous rendait visite à peu près chaque semaine, mais jamais elle ne vint me rechercher. Jamais elle ne vint à mon secours. Elle laissa derrière elle sa fille de douze ans dont le calvaire continuait.

Cela faisait désormais plus d'un an que Bill abusait de moi. Tous les soirs, je me rendais malade à essayer d'imaginer des manières de lui échapper. J'étais certaine qu'un jour il me blesserait ; la suite me montra bien assez tôt que je ne me trompais pas. Comme à chaque fois désormais qu'il m'emmenait chez lui, il avait commencé par me laver – j'étais convaincue qu'il me trouvait sale. Il s'était ensuite étendu près de moi et m'avait pénétrée si violemment que j'en avais crié de douleur. Je le suppliai d'arrêter mais il continua de se mouvoir au-dessus de moi. Plus il s'excitait, plus il s'enfonçait profondément, me faisant si mal que je craignais qu'il ne me tue en me déchirant les entrailles. Il se retira brusquement pour éjaculer sur mon ventre. Le dégoût me retourna l'estomac. Je voulais essuyer cette souillure, mais l'idée même de la toucher de mes mains m'écœurait.

Il fallait qu'il s'en aille. Je tentai de le repousser mais il me ramena contre lui. J'avais envie de déchirer ma robe dont le tissu humide me collait aux jambes. Il essaya de me pénétrer à nouveau, mais je l'esquivai. Il me serra alors plus fort pour m'embrasser sur la bouche. Ses dents choquaient mes lèvres, il avait une haleine aigre et infâme. Puis il me demanda de toucher son pénis et, comme je refusais, il m'y força en couvrant ma main de la sienne.

— C'est mieux si tu le tiens tout en haut, dit-il, à bout de souffle.

— S'il te plaît, suppliai-je, non… Laisse-moi me rhabiller…

Il secoua la tête.

— Quand on commence quelque chose, il faut le terminer, me dit-il.

Je tentai à nouveau de me dégager, mais il était trop fort, il me faisait mal.

Il commença à se masturber pour avoir une nouvelle érection puis s'agenouilla sur le lit, tout près de ma bouche.

J'étais pétrifiée.

Je fermai les yeux.

Tout mon corps criait.

Des haut-le-cœur m'empêchaient de déglutir. Cela me sembla durer une éternité. Je parvins à le repousser. « Laisse-moi tranquille », criai-je dans ma tête, mais aucun son ne sortit. « Je veux rentrer chez moi. » Je n'entendis pas ces mots non plus.

Ce soir-là, je rentrai en retard. Mon père n'était pas content ; il avait préparé le dîner et maintenant, tout était froid.

— Si tu n'es pas capable de la ramener à l'heure, reprocha-t-il à Bill, en colère, ne compte plus sur elle !

Je ne revis pas Bill pendant près d'une semaine, mais j'avais trop peur pour m'en réjouir. L'expérience m'avait appris qu'il ne tarderait pas à revenir.

Pendant les deux mois suivants, ma mère nous donna à peine des nouvelles, trop occupée à profiter de sa nouvelle vie avec son petit ami. Je me rappelle m'être dit à l'époque que je ne lui manquais pas plus que cela et qu'elle ne m'avait jamais vraiment aimée. Sinon, elle ne m'aurait pas abandonnée. Elle se serait occupée de moi. Si elle n'avait pas déserté notre famille, j'aurais peut-être puisé en elle la force et le courage de parler. Mais elle me renvoyait une image de faiblesse. Elle ne s'était pas battue pour essayer d'arranger les choses avec mon père ; elle s'était contentée de partir au moment où le bateau tanguait.

Au lieu de me sentir aimée, j'éprouvais de la peur et du rejet. Je n'étais qu'une petite fille. Pourquoi ma mère avait-elle choisi de s'en aller au moment où j'avais le plus besoin d'elle ?

Au fond de moi, je me sentais terriblement seule.

Le printemps s'écoula aussi vite qu'une matinée. J'aimais cette saison, même si certains moments s'étiraient comme d'interminables hivers : ceux que je passais avec Bill.

L'été arriva, avec ses longues journées ensoleillées pendant lesquelles j'aidais mon père à jardiner. Mon rôle consistait à favoriser la pollinisation des plants de tomates, sous la serre, en chatouillant chaque fleur à l'aide d'une plume que papa m'avait donnée. La simple idée de chatouiller les tomates me faisait rire ! Le soir, je m'endormais rapidement en espérant un lendemain ensoleillé, afin de continuer à aider mon père dans le jardin après l'école.

Pourquoi les rêves se brisent-ils comme du verre avant d'avoir une chance de se réaliser ?

Depuis quelques jours, je trouvais mon père étrange. De temps à autre, je remarquais ses regards traînants et quelque chose d'inhabituel dans ses yeux. Il n'en fallut pas davantage pour que mon jeune esprit s'emballe. Se lassait-il de ma présence ? Allait-il lui aussi m'abandonner, comme maman ?

En me réveillant un matin, je le vis au pied de mon lit, en caleçon.

— Chut… murmura-t-il en me prenant dans ses bras. Ne fais pas de bruit, sinon tu vas réveiller Robert.

Mon petit frère dormait encore.

Que se passait-il ? Était-il arrivé quelque chose ? Maman était-elle revenue ?

Mon père me porta jusqu'à sa chambre, où mon espoir fut vite déçu : le lit était vide.

Papa m'y déposa, s'allongea près de moi et m'embrassa sur la joue.

— Qu'est-ce que tu fais, papa ? lui demandai-je, encore dans un demi-sommeil.

— Chut… fit-il à nouveau.

Je compris vite quelles étaient ses intentions lorsqu'il se tortilla pour enlever son caleçon.

Oh mon Dieu… non ! Pas toi !

Je pleurai en silence tout le temps que durèrent ses attouchements. Lorsqu'il s'introduisit en moi, je poussai un gémissement, le souffle coupé, assez consciente alors pour remarquer l'expression de son visage : il avait l'air surpris. Je n'avais pas crié et il avait senti que je n'étais pas vierge. Il continua malgré tout. Peu lui importait sans doute de savoir qui avait volé l'innocence de sa fille avant lui.

La mise en garde de Bill tonnait dans ma tête. Mon père allait-il lui aussi me dire que personne ne me croirait ?

Je voulais être libre.

Je voulais m'échapper.

Je voulais que ma vie s'arrête.

Je voulais mourir.

Je voulais être un ange. Plus rien ne peut blesser un ange.

Tout mon univers s'écroulait depuis plus d'un an, mais maintenant, il se précipitait plus vite encore dans le chaos. J'entendais des voix me répéter sans cesse la même question.

Pourquoi moi ?

Pourquoi m'avoir choisie ?

Les mots résonnèrent et tournèrent dans mon esprit comme un manège jusqu'à ce que je m'endorme, étouffant mes sanglots, pleurant en silence dans mon lit, où mon père m'avait redéposée une demi-heure plus tard.

7

Le lendemain matin, je me réveillai dans un monde devenu un cauchemar encore plus insupportable depuis que mon propre père l'avait investi d'une manière qui n'aurait jamais dû être. Un père est censé tenir lieu de référence, prendre soin de vous, vous protéger et vous consoler lorsque vous en avez besoin.

Un père n'est pas censé regarder sa fille comme un objet de désir, comme il regarderait une passante. Pas même le temps de quelques moments volés.

Il n'est pas censé voir en sa fille la potentielle amante qu'il n'a plus depuis que sa femme l'a quitté.

Un père est censé n'être que cela : un père, un allié pour ses enfants lorsqu'ils sont au plus bas. Comme c'était le cas pour moi. Mon père aurait dû rester mon allié. Au lieu de cela, il a franchi une limite qui avait déjà été transgressée, une limite qui aurait dû rester inviolée.

Mon père n'abusa de moi qu'à deux autres reprises.

Seulement deux fois…

Je ne savais pas quoi faire pour qu'il arrête. Je ne pouvais pas arrêter Bill. Et maintenant lui non plus, je ne pouvais pas l'arrêter.

Les deux autres fois où mon père m'emmena dans son lit au petit matin avant que mon frère ne se réveille, me portant dans ses bras comme un précieux colis, je pleurai encore en silence. Mais personne ne m'entendit et papa continua. Il continua même après avoir vu mes larmes couler sur son oreiller. Mon père ne pensait qu'à lui-même. À ses besoins et à son désir de me faire de sales choses au lieu de jouer gentiment avec sa fille, de prendre soin de moi comme il aurait dû.

Quand il couchait avec moi, je croyais que, si je bougeais sous lui comme Bill bougeait sur moi, il serait satisfait et me laisserait tranquille. Mais non. Il se mit à me parler à la manière de Bill, d'une voix basse qui sonnait étrangement dans sa bouche.

Je ne reconnaissais pas mon père. Il était devenu un étranger.

— Tu as déjà fait ça, hein, Sarah? me demanda-t-il une fois.

— Non.

— Bien sûr que si. Je le sais.

J'enfouis mon visage dans l'oreiller. Je ne voulais pas qu'il me voie mentir ni qu'il m'embrasse, comme la fois précédente.

— Je n'aime pas ça, papa, lui dis-je d'une voix lente. S'il te plaît, arrête.

Mais il continua d'aller et venir en haletant. Il pesait lourd. Son corps écrasait le mien, comme celui de Bill. Je voulais tellement qu'il arrête. Face à mes sanglots qui enflaient, il se retira dans un mouvement de colère et me ramena dans mon lit, me laissant en pleurs. Il repartit sans un mot.

Jamais il ne me demanda pardon. Ni ce jour-là ni aucun autre.

Lorsque je fus assez âgée pour réfléchir à tout cela, j'en voulus à ma mère de ce qui était arrivé, car c'est elle qui nous avait quittés. Je lui en voulais d'avoir privé mon père d'une épouse. D'une certaine manière, je crois que je rechignais à accuser mon père. Je ne sais pas pourquoi. Pourtant, quand je me penche aujourd'hui sur toutes les pensées et tous les sentiments que m'ont inspirés ces événements, il me semble que je l'en ai tenu responsable une fois, pendant peu de temps.

Je voulais savoir pourquoi il ne m'avait pas aidée. Il savait que j'avais eu des rapports sexuels. Il savait que quelqu'un avait abusé de moi, avait pris la virginité de sa petite fille. Il l'avait découvert en se livrant *lui-même* à de tels abus. Et pourtant il n'a rien fait. Il n'est jamais venu à mon secours.

Il ne pouvait pas me sauver. S'il m'avait emmenée voir la police ou les services sociaux, il s'exposait lui aussi dangereusement. Il ne m'a pas protégée parce qu'il était trop occupé à se protéger lui-même. Et il devait savoir que c'était de Bill dont il s'agissait : qui d'autre ? Mais il n'a rien fait.

La petite fille qu'il avait connue avait disparu à jamais et il avait contribué à détruire son enfance.

Les semaines passèrent. Maman ne venait toujours pas plus d'une fois par semaine, mais papa lui parlait davantage, désormais. Un jour, il lui demanda même de revenir habiter chez nous, ce qu'elle refusa. Cela le contraria toute la journée. Je voyais bien dans ses yeux qu'il réfléchissait aux mois qui venaient de s'écouler, revivant leurs interminables disputes, se demandant ce qu'il avait fait de si horrible pour qu'elle le quitte et – pire encore – qu'elle emménage avec un autre, partageant une couche qui n'était pas la sienne.

Il voulait que ma mère revienne. Elle lui manquait. Il se sentait complètement rejeté, cette fois, et savoir qu'un autre homme vivait avec elle et recevait toute son attention le rendait fou.

Moi aussi, j'aurais aimé qu'elle revienne, mais pour des raisons différentes : au moins, mon père ne m'aurait plus emmenée dans son lit. Après tout, c'était elle, sa femme, pas moi. N'était-il pas temps qu'elle reprenne son rôle, afin que je puisse essayer de redevenir une enfant ?

Au moins, si maman rentrait à la maison, je serais plus tranquille.

Non ?

Le soir, dans mon lit, j'essayais de comprendre ce qui était arrivé à mes parents. Lorsque j'entendais les pas de mon père dans l'escalier, j'écoutais avec une attention décuplée, priant pour qu'ils ne s'arrêtent pas devant ma porte. Si je l'entendais refermer la porte de sa chambre et, un moment après, éteindre la lumière, je poussais un soupir de soulagement.

Me rallongeant, je continuais alors à réfléchir à ce fatras dans lequel j'étais engluée.

Pourquoi ne rentrait-elle pas à la maison ?

Qui avait le plus de torts dans leur couple?

Ma mère, qui dépensait tout notre argent au bingo?

Ou mon père et son mauvais caractère?

Pourquoi était-il devenu si irritable ces derniers mois?

Pourquoi ne couchait-elle plus avec lui?

Toutes ces questions rejoignaient celles qui tournaient déjà en boucle dans ma tête. Elles me tenaient éveillée jusqu'au petit matin, où je finissais par sombrer dans un sommeil irrégulier.

Un jour, Bill se présenta beaucoup plus tôt que d'habitude pour demander à mon père si je pouvais l'aider à préparer des sandwichs. Cela me rendit furieuse. Que voulait-il encore? Jouer les prolongations après le temps réglementaire? Je n'avais aucune envie de l'accompagner. Je voulais rester à la maison – pour une raison qui me dépassait. En suivant Bill, j'allais être maltraitée; mais en restant chez moi, je risquais le même sort.

N'y avait-il aucune issue? Aucune échappatoire à cette existence chaotique? Alors que je les écoutais discuter tous les deux, allongée dans mon lit, mon esprit se mit à dériver vers de nouvelles interrogations. Qu'avais-je donc de si intéressant pour ces hommes? Pourquoi voulaient-ils me faire subir ces horribles choses à moi? Ils se seraient sûrement beaucoup plus amusés avec une *vraie* femme. Peut-être avaient-ils peur des femmes de leur âge. Ou alors, c'était encore plus simple. Une femme n'hésiterait pas à leur dire non; tandis qu'un enfant, c'était différent. Un enfant ne s'oppose jamais à la volonté d'un adulte.

La voix de mon père me tira de mes rêveries.

— Oui, bien sûr, Bill. Ça lui fera plaisir.

C'était quoi? Une sorte de syndicat des pédophiles? Avaient-ils tous les deux formé un club dont j'étais membre, sans avoir voix au chapitre? Papa offrait mon «aide» à Bill sans même me demander mon avis. *Youpi,* me dis-je, *c'est reparti pour une bonne douche.*

Je me demandai ensuite si mon père m'aurait laissée partir en sachant ce que Bill me réservait. Quelques minutes plus tard, dans sa voiture, j'étais toujours plongée dans mes pensées. Avaient-ils peur de moi, tous les deux? Papa craignait-il que je dise à Bill ce qu'il m'avait fait? Bill redoutait-il que j'aie parlé de lui à mon père? Tous les deux avaient une bonne raison de paniquer. Après tout, je détenais des informations qui pouvaient les expédier en prison. Une bombe entre leurs mains. Tous les deux connaissaient mon secret et je connaissais le leur. Mais je ne pouvais en parler à personne – encore moins que par le passé, car je me retrouverais à devoir survivre seule, abandonnée.

Je m'étais faite à l'idée de ne pas être désirée. Ma mère était revenue chercher Robert, me laissant seule avec papa.

Pourquoi ne voulait-elle pas de moi?

N'étais-je pas assez bien pour elle?

Peut-être savait-elle ce qui m'était arrivé?

Étais-je trop sale, désormais?

Me détestait-elle à ce point?

Ma mère pensait que je préférerais vivre avec mon père et qu'il valait mieux pour lui garder un de ses enfants. Elle disait qu'elle me savait en sécurité avec lui. C'est fou comme une mère peut se tromper.

Certains jours, papa se montrait attentionné et bienveillant, comme l'écho d'un passé innocent et à jamais révolu. Mais parfois, je surprenais ses regards et savais qu'il pourrait à tout moment revenir hanter mon réveil.

En l'absence de ma mère, Papa et Bill avaient monté leur petite entreprise. Ce dernier vendait à la salle de bingo le surplus de fleurs que produisait mon père. Bill, qui avait toujours admiré ses chrysanthèmes et ses dahlias, lui avait proposé d'en vendre à des amis et à quelques connaissances du bingo. Un jour, Bill le rappela pour lui commander dix nouveaux bouquets, en plus des quinze qu'il avait déjà écoulés : papa en était si heureux que, lorsque Bill lui demanda si je pouvais retourner l'aider à préparer des sandwichs, il accepta machinalement.

Bill avait-il prémédité tout cela ? Vendait-il vraiment les fleurs de mon père ou achetait-il sa tranquillité ? J'avais l'impression d'être l'objet d'un marchandage, tout comme ces pauvres fleurs arrachées à la terre pour faner dans un vase sur le rebord d'une fenêtre, loin du grand air et du jardin où elles s'étaient épanouies.

Je courus à la salle de bains dans l'intention de me faire vomir, en vain. Je voulais me rendre malade pour ne pas avoir à sortir. Mais j'avais beau enfoncer les doigts dans ma gorge, rien ne se passait : le courage me manquait.

Une fois de plus, mon père m'avait abandonnée. Il connaissait les intentions de Bill. N'avait-il pas découvert la vérité, de la pire manière ? Pourquoi ne m'empêchait-il pas d'y aller ? Voulait-il que Bill abuse de moi ? Y trouvait-il du plaisir ?

Cet après-midi-là, chez Bill, je me sentis plus seule que jamais. Cette fois, il me fit asseoir près de la cheminée et se mit à feuilleter ses magazines à côté de moi, une main sur ma cuisse. Il voulait que je regarde, moi aussi, mais je détournais les yeux.

Je n'aimais pas ces images. Toutes les femmes étaient nues ou en sous-vêtements de dentelle. Je me rappelle m'être dit qu'elles étaient très jolies, mais... pourquoi se touchaient-elles les seins ? Bill me souriait tout en se promenant dans les pages. Il remonta la main le long de ma cuisse et retira ma culotte. Je lui demandai d'arrêter, sans aucune illusion.

— Sois sage, répondit-il.

Comme toujours.

Comme si je n'avais aucun droit, pas même celui de parler ou d'entendre ma propre voix. Sa façon de me regarder m'angoissait. Il y avait une noirceur troublante dans ses yeux. La menace d'un mal plus grand encore, s'il se pouvait en concevoir.

Il continua de feuilleter ses magazines tout le temps de ma présence, ce jour-là, m'obligeant à les regarder. Quand j'essayais de détourner les yeux, il repoussait la revue sur mes cuisses, ne me laissant pas le choix.

Il voulait aussi que je lui parle, que je lui dise ce que je pensais de ces images. Mais je ne répondais pas à ses questions. Je n'avais pas envie de parler de cela. Bill parlait tout le temps, d'une manière qui m'intimidait. Je me réfugiai dans un monde intérieur, secret, où personne ne pouvait entrer. « Est-ce à cela que je ressemblerai quand je serai grande ? » me demandai-je en voyant la photo d'une jeune femme, les cuisses légèrement écartées. Je ne voulais pas lui ressembler. Ni à aucune des autres. Elles me dégoûtaient.

Bill posa un magazine, en saisit un autre et m'emmena jusqu'au lit. Je dus prendre son sexe dans ma bouche, comme sur la photo. Je fermai les yeux pour ne pas voir cela. J'avais l'impression d'étouffer, mon corps se mit à trembler. Il le retira de ma bouche et l'empoigna, tirant sur cette drôle de peau d'avant en arrière, encore et encore, jusqu'à éjaculer sur moi en gémissant.

Je me décalai discrètement pour en éviter le maximum, espérant qu'il ne percevrait pas ce mouvement pendant qu'il avait les yeux fermés. Je le détestais de m'imposer cela. J'avais envie de disparaître par un trou du plancher et de mourir pour ne plus avoir à subir une telle infamie.

Il me ramena chez moi une heure plus tard, récupéra les bouquets de mon père et repartit.

8

J'avais eu une semaine particulièrement difficile.

Pour n'importe quel autre enfant, passer du temps avec son père aurait été un moment ordinaire, baigné d'affection. Mais moi, je redoutais de me retrouver seule avec lui.

Qu'était-il arrivé à ma famille? Pourquoi, en si peu de temps, mon univers était-il devenu méconnaissable? Était-ce ma faute et celle de mes frère et sœurs si mes parents s'étaient séparés? Ou seulement ma faute? Était-ce une punition pour toutes les horreurs que j'avais commises?

J'aimais toujours mon père, mais je détestais les nuits. J'en arrivais à redouter les longues heures passées seule avec lui à la maison davantage que les maltraitances constantes que m'infligeait Bill. Je voulais simplement un père « normal », pas ce père devenu un étranger, loin de celui que je connaissais si bien lorsque j'avais dix ans et qui avait disparu.

Heureusement, il commençait à rester dans sa chambre, cessant de s'aventurer dans la mienne. J'en étais tellement contente! Peut-être allais-je retrouver mon père d'avant? Cette pensée m'arracha un petit sourire en se frayant un chemin parmi toutes celles qui m'encombraient l'esprit. S'était-il rendu compte du mal qu'il m'avait fait?

Quant à Bill, c'était une autre histoire. Il était venu trois fois en cinq jours et j'inventais les excuses les plus absurdes pour tenter de lui échapper. Je me rappelle avoir expliqué que je devais arroser les plantes, parce qu'il avait fait très chaud. C'était vraiment idiot, mon père aurait pu le faire à ma place.

Je prétextai également que mon amie Paula devait venir me voir.

— Elle repassera, répondit mon père.

J'hésitai, prenant tout mon temps pour chercher mes sandales. Je sentais bien que mon père observait chacun de mes mouvements, lents et calculés. Je fouillais dans tous les endroits où j'étais sûre de ne pas les trouver.

— Allez, Sarah, dépêche-toi! Bill n'a pas que ça à faire! insista mon père, agacé.

Encore heureux qu'il n'ait pas que ça à faire, me dis-je. J'aurais même préféré qu'il offre à une bonne œuvre ce créneau de deux heures qu'il avait la gentillesse de me consacrer.

La première fois que j'étais allée chez Bill cette semaine-là, il avait voulu éjaculer sur moi non pas une, mais deux fois. Lors de mes deux visites suivantes, il avait formulé la même demande. J'avais beau objecter que je ne me sentais pas bien, il n'en tenait jamais compte.

Le lendemain matin, à mon réveil, mon père souleva mes draps pour me prendre dans ses bras. Je fondis en larmes:

— Non, papa… S'il te plaît, non!

Il ne renonça pas, malgré mes protestations plus sonores que d'habitude. Je lui donnai un coup de pied quand il me déposa sur son lit. Je savais que je lui avais fait mal, mais il me demanda simplement de me calmer. Je tentai de m'échapper, en vain – il me plaquait de tout son corps, je n'avais aucune chance, contre lui.

C'était sans espoir. Je n'avais qu'à rester immobile et accepter son plaisir, et ma douleur. Il fallait pourtant que je fasse quelque chose pour que tout cela s'arrête. Je ne pouvais plus demeurer une victime plus longtemps. *Cette fois, c'est terminé.*

Je poussai un hurlement bien dosé – pas assez fort pour que les voisins l'entendent, mais suffisamment pour que mon père le craigne.

Ma réaction le choqua. Je criai à nouveau, mais cette fois, avec des mots:

— Pousse-toi, papa! Laisse-moi tranquille!

Et cela fonctionna. Il céda, mais tout en m'assénant la plus odieuse des accusations, d'une voix qui me fit frémir:

— Ça m'étonnerait que tu lui dises ça à lui, hein, Sarah?

— C'est pas ma faute! Je veux que ça s'arrête! plaidai-je d'une voix fragile, à peine audible, mais je sais qu'il l'entendit. Je veux que *tout* s'arrête, insistai-je à travers mes larmes.

J'espérais qu'il comprendrait que je ne parlais pas que de lui, mais surtout de Bill; il ne répondit pas. Il se contenta de laisser sa fille de douze ans étendue sur son lit, la chemise de nuit relevée sur les hanches.

Papa ne revint jamais dans ma chambre après cela. J'avais au moins réussi à me défaire d'un de mes bourreaux. J'étais à nouveau en sécurité chez moi ; pour toujours, je l'espérais.

À la fin de la semaine, ma mère vint voir mon père. Ils discutèrent longuement dans le salon, la porte fermée. Deux heures plus tard, maman m'appela et m'annonça qu'elle revenait vivre avec nous dès le lendemain.

J'étais si heureuse ! Enfin je ne serais plus seule !

Je grandissais. Mon corps se développait, théâtre d'émotions nouvelles que je ne comprenais pas. Personne ne me parlait des changements qui m'arrivaient. J'avais bien saisi quelques mots au vol en écoutant les filles du collège discuter sous la douche après le sport mais, sans plus d'explications, ils ne me servaient pas à grand-chose. Je ne savais pas à quoi m'attendre, et pourtant, j'avais le sentiment d'en savoir bien plus sur les hommes que la plupart de mes amies. Bien plus, et bien trop tôt.

Je savais que certaines façons de toucher mon corps me procuraient des sensations bizarres. Bill me procurait ces sensations bizarres, et cela me déplaisait, mais je ne comprenais pas pourquoi je ressentais de telles choses quand ses doigts touchaient certains endroits.

Je n'aimais pas cela.

Ce n'était pas bien.

Pourquoi me procurer ces sensations dont je ne voulais pas ?

J'aurais aimé les enfermer dans une boîte et les y laisser jusqu'à ce que je me sente prête à les accueillir, même si ce jour me paraissait improbable. Je me posais tellement de questions, à l'époque, pas seulement sur mon corps – j'en parlais en général à une copine –, mais aussi sur l'exploitation qu'on en faisait. Ces questions-là, je les gardais pour moi.

À l'âge de treize ans, j'avais fait tout ce que je pouvais imaginer pour tenter de m'échapper du monde que Bill et mon père avaient créé pour moi, mais plus j'essayais, plus je me sentais prise au piège. Si je prétextais me sentir mal pour ne pas aider Bill, il revenait une fois de plus la semaine suivante, comme il le faisait après mes règles. Il était comme ça. Sournois, habile et très expérimenté dans l'art de la pédophilie. On ne pouvait pas lui échapper. Je savais que je le trouverais toujours sur mon chemin, à l'affût, en embuscade, prêt à cueillir sa proie.

Cet homme que j'exécrais agissait de manière de plus en plus abusive. Il en voulait davantage chaque fois qu'il m'emmenait chez lui, et son goût pour moi devenait insupportable, jusqu'à la nausée. Il exprimait constamment le désir de passer du temps seul avec moi, au point que je commençais à en être écrasée. Ses besoins faisaient sombrer mon pauvre corps fatigué au plus profond de l'abîme. Bill nourrissait à mon égard une véritable obsession. Son pouvoir sur moi était celui de vagues scélérates déferlant sur une fragile falaise crayeuse. J'avais l'impression d'être pieds et poings liés à un petit ami jaloux, dont la monomanie confinait à la folie.

Je rêvais de liberté, mais chaque pensée dans ce sens était balayée comme un grain de poussière emporté par la brise vers un puissant ouragan soufflant au large.

J'étais si fatiguée de tenter de leur échapper. Je me sentais vide de tout espoir, comme si Bill et mon père avaient pris en moi tout ce qu'il y avait à prendre, et plus encore. Comme s'ils avaient enfermé ma volonté dans une bouteille et vendu mon âme au plus offrant.

Un jour où je me sentais particulièrement mal, mon amie Lucy me proposa d'aller à une boum le samedi soir à la salle paroissiale Saint-George. Tout le monde serait là, me dit-elle. Par « tout le monde », elle entendait tous les beaux garçons. Qui me plairaient sûrement, si je les voyais. Mais papa n'aimait pas que je sorte, surtout pas dans des endroits où je risquais de rencontrer des garçons.

Lucy était une très jolie fille, un peu plus grande que moi, avec des yeux bleus et des cheveux blonds aux épaules, encadrant son visage fin. Elle avait un sourire radieux débordant de gentillesse, et sa simple présence chaleureuse vous donnait le sentiment d'être en vie. Lucy adorait les boums et l'effet que ses courbes naissantes produisaient sur les garçons. Elle avait vraiment envie d'aller à cette soirée ; quant à moi, j'y voyais exactement ce dont j'avais besoin : une distraction qui, je l'espérais, me ramènerait dans un monde depuis longtemps oublié.

Je n'avais eu à l'époque aucune expérience avec un garçon de mon âge. Dans le fond, je n'étais encore qu'une petite fille qui lisait Enid Blyton pendant son temps libre. Je ne pensais pas beaucoup aux garçons. Tout ce que je voulais, c'était me joindre à l'univers de mes personnages préférés. J'aurais tout donné pour partir à l'aventure avec le *Club des Cinq*. Si ce rêve avait pu se réaliser, j'aurais enfin échappé à l'emprise de mon bourreau.

En raison de mon attitude timide et réservée, certains garçons que je côtoyais m'insultaient. Chaque année, il leur fallait une tête de Turc et ils m'avaient choisie, je ne sais pas pourquoi. J'avais un peu d'acné – quelques boutons sur le menton et deux sur le front; mais beaucoup moins que d'autres filles bien plus populaires. Les garçons ne s'en prenaient jamais à ces filles que je trouvais souvent grossières et insolentes. Tout le contraire de moi.

Lucy m'aidait à me sentir moins seule. Elle m'écoutait et me donnait des conseils pleins de sagesse lorsque je lui confiais un problème. «T'inquiète pas, me disait-elle souvent à propos de ces garçons. Ils finiront par arrêter. T'as qu'à les ignorer.» Alors, je ne répondais jamais. Mais au moment où ils étaient censés se lasser, rien ne se passait: le fait de les ignorer semblait plutôt les stimuler.

J'étais leur nouveau pion dans une partie à laquelle ils insistaient pour que je joue.

Je ne pouvais pas m'échapper.

En quittant la maison ce samedi-là, malgré les rires et l'excitation, j'éprouvais une angoisse sourde à l'idée d'aller à la salle paroissiale, mais Lucy me rassura en m'expliquant que la majorité des garçons viendraient du collège catholique, pas du nôtre. Pour la première fois depuis le début de cette aventure, j'eus le cœur léger. Jusqu'alors, je n'avais jamais vraiment prêté attention aux garçons. J'étais juste une fille qui aimait lire et être seule. Après les cours, je jouais dans la rue avec d'autres enfants mais à la nuit tombée, je rentrais. Je ne sortais pas avec ceux de mon âge.

Papa avait insisté pour que je revienne à 21 heures ; Lucy, elle, avait la permission de 22 heures. Les quarante minutes de marche ne me faisaient pas peur. Pour la première fois depuis plus de deux ans, ce soir-là, je me sentis libre. Bill n'avait aucune chance de gâcher ce moment. Il ne viendrait pas me chercher, pas ce soir ; personne ne pouvait me voler ma soirée.

Dans la salle paroissiale remplie d'adolescents inconnus, ma timidité reprit le dessus. Les garçons me dévisageaient et je ne me sentais pas très à l'aise. La chaleur ambiante m'échauffait encore un peu plus. La certitude me vint bientôt qu'ils connaissaient mon secret, même si c'était impossible. Personne n'en savait rien, car je n'avais rien dit. Mais j'avais l'impression de me retrouver au cœur d'une vente aux enchères, attendant le plus offrant.

Lucy, qui fréquentait souvent la salle paroissiale, connaissait la plupart des gens. Elle me présenta quelques-uns de ses amis, filles et garçons. Notre petit groupe passa un bon moment à discuter et à danser, et il était déjà tard lorsque je regardai ma montre : 20 h 30 ! Mon ventre se noua ; jamais je ne serais à l'heure à la maison. Je pris congé de Lucy et ses amis et courus jusque chez moi, à plus de quatre kilomètres de là. Agacé par mes cinq minutes de retard, mon père m'envoya me coucher et me priva de sortie pour deux semaines.

Dans mon lit, je pestais contre cette injustice lorsque soudain, j'eus un déclic : Bill me laisserait tranquille pendant deux semaines ! Mon cœur s'emplit de joie et je murmurai tout bas : « Merci, papa ! »

Je m'endormis en souriant.

J'étais bien bête, vraiment. Je croyais que l'interdiction de sortir valait aussi en journée.

9

Bill arriva à 11h30 le lendemain. Papa m'avait demandé de tondre la pelouse devant la maison, mais je n'avais pas le droit d'aller jouer dans la rue. En sortant de sa voiture, Bill me dit qu'il entrait juste saluer mes parents avant de m'emmener. À ces mots, mon cœur s'emballa et je lui répondis en tremblant, car je savais qu'il n'allait pas aimer :

— Je ne peux pas venir. Papa m'a punie hier soir.

Il ne put dissimuler sa colère. Si ses yeux avaient pu envoyer des éclairs, la foudre se serait abattue sur moi. Il se précipita vers la porte d'entrée, toqua et entra.

— Bonjour, l'entendis-je lancer d'une voix faussement joviale.

— Bonjour, Bill, répondit ma mère. Je te sers un thé ?

Il accepta. Il savait très bien comment parvenir à ses fins ; ce n'était pas la première fois.

— Est-ce que tu viens au bingo, Evelyn ?

— Je ne sais pas, Bill.

Cela signifiait en général qu'elle voulait y aller mais ne savait pas si mon père lui donnerait de l'argent.

— Sarah pourrait-elle venir aussi? glissa-t-il, ajoutant rapidement: j'aurais bien besoin d'un coup de main au bar.

Je me précipitai dans la pièce depuis le couloir où j'écoutais leur conversation.

— Je peux pas, hein, papa? Tu m'as privée de sortie.

— Quel dommage! commenta Bill.

— Oh, allez, laisse-la y aller, renchérit maman.

— Mais maman, j'ai été punie parce que je suis rentrée en retard. J'ai plus le droit de sortir…

Papa me regarda, puis se tourna vers ma mère.

— D'accord… concéda-t-il.

Qu'avait-il fait?

Pourquoi cela?

Pourquoi me punir ainsi?

Et je partis à nouveau avec Bill ce jour-là. Il ne me laissait plus respirer, désormais. Il était plus ardent. Il me tâtait comme une bête de foire. Chaque geste, chaque contact, chaque baiser et chaque mot vicieux murmuré à mon oreille m'écœurait, au plus profond de moi. À cause de lui, je me sentais sale, aussi sale qu'un vieux chiffon de mécanicien.

Il avait été un temps où je valais beaucoup mieux que cela. Pourquoi ma vie avait-elle à ce point changé?

Je ne me reconnaissais pas dans cette vie.

Je n'avais rien à faire là.

Je ne voulais pas être un jouet entre les mains d'un vieux pervers. Je voulais une amitié normale avec un garçon de mon âge. Je voulais découvrir le sexe et tout ce qui va avec plus tard.

Quand je serais plus âgée.

Quand je serais prête.

Quand *je* le déciderais.

Je ne voulais plus qu'il s'acharne à voler ma virginité. Je voulais l'offrir à l'homme que j'aimerais et avec qui je me marierais pour la vie. J'avais un tel besoin de devenir l'enfant qu'on ne m'avait pas laissée être. J'étais dépossédée de mon être véritable ; jamais quiconque ne connaîtrait cette personne ni n'entendrait parler de ses faits et gestes. Cette Sarah-là avait été abattue et laissée pour morte.

Je voulais qu'on me libère. Je voulais m'envoler doucement, comme un papillon, dans un monde dénué de maltraitances, où les enfants étaient libres de vivre leur enfance.

Où les enfants étaient des enfants.

Est-ce si mal de souhaiter de telles choses ? De vouloir une vie qui vous appartienne, et rien qu'à vous ? Je me débattais seule avec tout cela depuis si longtemps. Personne ne savait ce que j'endurais à part mon père, mais il était trop occupé à se protéger lui-même.

L'hiver arrivait et il me tardait d'être à Noël. Dinah, une voisine qui habitait en face de chez nous, avait deux enfants de moins de cinq ans, qu'elle confiait à une baby-sitter lorsqu'elle et son mari Simon sortaient le soir. Un jour que celle-ci avait fait faux bond à la dernière minute, Dinah vint demander à ma mère si je pourrais la remplacer. Je n'avais jamais fait de baby-sitting mais maman accepta : j'étais une fille sérieuse et, en cas de problème, je pourrais toujours traverser la rue pour trouver de l'aide.

À 19 heures, je me rendis donc chez les voisins. Comme les enfants étaient déjà couchés et endormis, Dinah alla retrouver ses amies, tandis que Simon avait prévu d'aller au pub avec un voisin. Je passai la soirée devant la télévision. Maman vint à deux reprises s'assurer que tout se passait bien et à 23h30, Dinah rentra, me remercia et me donna deux livres.

J'étais aux anges. Enfin de l'argent de poche ! En arrivant à la maison, je le cachai soigneusement dans ma chambre.

Je me rappelle très bien ce à quoi j'ai pensé ce soir-là ; ce souvenir est aussi vif que tous les autres. *Si je continue à faire du baby-sitting chez eux et qu'ils me paient, je pourrai mettre assez d'argent de côté pour m'en aller. J'irai n'importe où, je ferai tout ce qu'il faudra. Je leur échapperai, à tous.* Je commençais déjà à fomenter des plans pour ma nouvelle vie. Seul problème : je devrais attendre trois longues années, jusqu'à mes seize ans.

Je retournai chez Dinah et Simon à quelques reprises, toujours contre rémunération. Un soir, assez tard, Simon vint me solliciter de manière inopinée. Dinah avait prévu de sortir avec ses amies et il était censé garder les enfants, mais ses copains étaient passés boire une bière avant d'aller en ville. Il mourait d'envie de les accompagner. Devant son regard plein d'espoir, j'acceptai.

Il était ravi. Je rassemblai mes affaires de classe et traversai la rue. Après le départ de Simon, je fermai la porte à clé, vérifiai que les enfants dormaient bien et m'installai dans la cuisine, avec une boisson, pour terminer mes devoirs. Tout était si calme et paisible. C'était agréable d'être dans un endroit où je me sentais à l'abri de Bill.

Quelques heures plus tard, Simon rentra, rieur et manifestement ivre. Il chercha de la monnaie dans sa poche et me donna trois livres – « un petit supplément » parce qu'il m'avait prévenue à la dernière minute (Dinah, elle, ne m'aurait donné que cinquante pence). Il m'accompagna jusqu'à la porte, fourragea sa poche pour trouver la clé et se pencha au-dessus de moi pour atteindre la serrure ; ce faisant, il perdit l'équilibre et tomba contre moi. Soudain, se redressant, il colla brusquement la bouche contre la mienne ; je tentai de le repousser, mais il était costaud.

— Simon, tu es saoul ! lui dis-je.

— Non, je suis pas saoul, protesta-t-il d'une voix pâteuse. Allez, je sais bien que tu en as envie… Tu es une grande fille, maintenant, allez…

Je criai et lâchai mes affaires de classe lorsqu'il essaya de glisser une main sous ma robe entre mes cuisses. Me penchant pour les ramasser, je sentis son haleine répugnante, qui me souleva le cœur. Il gardait les mains sur moi, tirant sur mes vêtements.

Je tentai à nouveau de le repousser, en vain. Il m'arracha ma culotte. Je le suppliais d'arrêter, mais il continuait de s'affairer, commençant à défaire sa braguette, sans penser un instant que j'avais presque l'âge d'être sa fille.

L'alcool le fit chanceler et je le repoussai de toutes mes forces, parvenant à le déséquilibrer. C'était l'opportunité que j'attendais : il fallait que je saisisse ma chance. *Hors de question de subir encore cela*. Cette fois, j'allais garder le contrôle. Quand il se redressa, je lui assénai un coup de genou entre les jambes. Il s'écroula de douleur.

J'ouvris la porte et courus à la maison, sans ralentir sur un seul des soixante pas qui me menaient jusqu'à l'entrée.

Simon était loin d'être aussi âgé que Bill ou mon père, mais il avait tout de même vingt-sept ans, quatorze de plus que moi. De quel droit pensait-il pouvoir obtenir de moi ce qu'il voulait, comme les autres?

J'étais une enfant.

Une enfant.

Pas une femme.

Le sexe n'était pas au programme.

N'était-ce pas à moi de décider ce qui devait m'arriver?

Mon opinion ne comptait-elle donc pour rien?

Cette fois, j'avais gagné. J'avais empêché l'inévitable de se produire. Je ne voulais plus être une victime. Mais cette nuit-là, ce furent encore les mêmes questions qui m'empêchèrent de m'endormir.

Pourquoi moi?

Qu'cst-ce que j'avais?

Pourquoi me choisir?

Qu'avais-je fait pour mériter cela?

Pourquoi tous ces hommes s'intéressaient-ils à moi?

Que leur restait-il encore à me voler?

Que me resterait-il à offrir?

Cette nuit-là, comme tant d'autres nuits auparavant, je pleurai. Et entre mes larmes, j'espérais qu'un jour prochain ma vie ressemblerait à nouveau à quelque chose qui soit digne d'être vécu. Une succession de moments lumineux plutôt que cette vallée d'ombre et de noirceur.

Était-ce trop demander?

Mon vœu serait-il jamais exaucé?

Ou devais-je me résoudre à ne jamais attendre un tel miracle?

10

À l'approche de mon quatorzième anniversaire, je réalisai que ma vie était un vrai désastre. Je ne savais pas auprès de qui ni dans quelle direction chercher de l'aide. J'étais complètement seule, dans un monde peuplé d'hommes qui avaient détruit le moindre de mes beaux souvenirs d'enfance. On m'avait rendue prisonnière d'une toile d'araignée tissée de fils de perversion et de railleries. Tout ce que je voulais, c'était qu'on me laisse tranquille. Mais cela n'arriverait jamais.

J'étais sous la coupe de Bill et ne pouvais pas plus m'en libérer que d'une pièce hermétiquement close gardée par un nid de scorpions. Je m'efforçais d'imaginer des moyens de m'échapper, mais aucune de mes idées ne me paraissait avoir la plus petite chance de succès.

Un jour, en rentrant du collège, je rencontrai Tom, un garçon qui habitait dans le quartier. Un beau blond aux yeux bleus, qui avait deux ans de plus que moi et était plutôt grand pour son âge. À l'instant où je le vis, je sus que j'allais en tomber amoureuse.

Tom devint mon premier grand amour. Il me redonna goût à la vie. Avec lui, je me sentais comme un papillon déployant ses ailes pour la toute première fois, prêt à révéler au monde sa véritable beauté. Il ne savait rien de mon passé et je ne voulais pas qu'il en connaisse les détails sordides. Je ne voulais pas qu'il ait honte de moi ou qu'il me déteste pour avoir « laissé » Bill me faire toutes ces choses. Je craignais de le perdre si je lui disais la vérité, et cela, je n'aurais pu le permettre – pas alors que nous venions de nous rencontrer.

À mesure que notre amitié évoluait en relation amoureuse, nous passions de plus en plus de temps ensemble. Quand je rentrais du collège, il me rejoignait à la maison et nous regardions la télévision. Il m'arrivait aussi d'aller chez lui, mais ses frères nous taquinaient tout le temps quand nous étions ensemble.

Avec l'arrivée du printemps, nous sortîmes davantage. Nous allions souvent nous promener, et j'adorais m'échapper ainsi de mon monde de secrets abjects où planait l'ombre de la honte. Nous marchions jusqu'à la rivière avec John, l'ami de Tom, et parfois même jusqu'à l'usine de papier. Il fallait bien une heure et demie pour y arriver, mais cela valait la peine. C'était si beau et si paisible de longer le cours d'eau puis de traverser les bois attenants à l'usine. Tom et moi aimions nous asseoir sur un vieux tronc d'arbre et discuter pendant des heures. C'était un autre monde, un monde sans danger que j'aurais aimé ne jamais quitter.

Il m'arrive souvent de repenser à ces moments parfaits. Je me rappelle l'expression de Tom lorsque je ne voulais pas rentrer chez moi. Je me demandais s'il comprenait pourquoi. S'est-il jamais douté que j'avais de gros problèmes? M'aurait-il soutenue s'il avait su?

Je ne lui ai jamais rien dit, mais je sais aujourd'hui que oui. Il m'aurait aidée. C'était le genre de garçon à vous protéger, à vous envelopper dans une couverture toute douce faite d'un matériau impénétrable au monde extérieur. Tom détestait me raccompagner en retard; il ne voulait que mon bien; il voulait plaire à mes parents; il ne voulait pas que mon père s'énerve. Il était à la fois gentil et attentionné, me prodiguant un amour qui me manquait tant. Il rassemblait les morceaux de mon cœur. Grâce à lui, je me sentais entière.

Nous passions beaucoup de temps à discuter, mais faisions aussi des concours de baisers, à qui s'arrêterait le premier. En général, cela durait vingt minutes – une fois, vingt-cinq minutes, un record! Mais nous ne sommes jamais allés plus loin: nous savions tous les deux qu'il ne fallait pas. Un soir, pourtant, j'ai glissé la fermeture Éclair de mon cardigan un peu plus que d'habitude. Tom avait depuis longtemps la main posée sur mon ventre, dans ce petit espace entre ma ceinture et le bas de mon cardigan. J'avais cru qu'il voulait me caresser un peu plus haut, mais je m'étais trompée.

Je croyais avoir compris, mais non. Je croyais savoir ce que veulent les hommes, mais je ne savais pas ce que voulait Tom. À cet instant même, je me détestai. J'étais certaine qu'il allait me prendre pour une fille facile.

— Pourquoi tu as fait ça? me demanda-t-il.

— Quoi? répliquai-je, faisant semblant de ne pas comprendre.

— La fermeture Éclair...

J'hésitais à lui répondre.

— Je sais pas. Je croyais que c'était ce que tu voulais...

Il soupira et les larmes me montèrent aux yeux. Les mots qui suivirent et qu'il prononça furent si beaux qu'ils me laissèrent sans voix. Je ne pus qu'enfouir ma tête dans son épaule, incapable de contrôler mes larmes.

— Je ne veux pas profiter de toi, Sarah. Je t'aime. Je veux attendre qu'on ait l'âge tous les deux. C'est un moment unique qu'on réserve pour les lunes de miel. Notre lune de miel, quand le moment sera venu.

Il se pencha pour m'embrasser doucement. Je ne pouvais pas lui expliquer pourquoi je pleurais. Mes larmes semblaient le perturber, mais je le rassurai. Tom me regardait, blottie contre lui, et me souriait gentiment. Ce sourire, à chaque fois que je le voyais, m'emportait dans un autre monde, un monde de parfaite sécurité, comme celui qui nous réunissait près de l'usine de papier. Loin des monstres et des voleurs que j'avais appris à si bien connaître en si peu de temps.

Quelques semaines plus tard, Tom m'offrit une bague qu'il avait dessinée lui-même et fait réaliser par un bijoutier: cinq petites pierres enchâssées dans la tête centrale, entourée de deux chatons portant chacun deux pierres. Elle était merveilleuse, à l'image de notre relation qui redonnait un sens à ma vie.

Un jour, Tom arriva à la maison au moment où Bill me ramenait. Il me demanda qui c'était et je lui répondis par un mensonge. Je ne voulais pas, mais comment faire autrement? Ma propre duplicité me fendait le cœur.

— C'est juste un ami de mes parents. Je vais l'aider de temps en temps.

Je lus dans son regard qu'il ne se contenterait pas de cette réponse. Bill ne lui inspirait pas confiance. Il sentait que j'avais un problème avec cet homme. Du plus profond de mon âme, je lui lançai un cri de désespoir: «Suis ton instinct. *C'est* un sale type.»

Il me regarda un moment, mais n'entendit rien. Je renouvelai mon appel silencieux puis m'entendis murmurer les mots que je voulais que Tom entende: «Suis ton instinct...» Il n'entendit pas. J'aurais dû les redire, mais je n'y parvins pas. Je ne voulais pas lui faire de peine. Je ne voulais pas salir son univers en laissant le mien le contaminer.

Un peu plus tard dans la soirée, lorsque nous fûmes seuls, il me posa des questions sur Bill. Je sentais bien qu'il ne me croyait pas vraiment. Cela me révoltait de lui mentir, mais la vérité l'aurait blessé davantage et il m'aurait quittée. Tom était mon seul salut. Je n'avais pas envie de le perdre, mais je ressentais la douleur de la séparation avant même qu'elle ne se produise: nous allions nous éloigner. Ce n'était qu'une question de temps, je le savais, et je ne pourrais pas l'empêcher. Bill avait ouvert entre nous une brèche qui finirait par nous déchirer.

Une fois de plus, il avait gagné.

Quelques semaines après, Tom vint me voir un lundi soir, comme d'habitude, et me parla de son projet de s'engager dans l'armée. Il m'expliqua qu'il voulait une carrière, un avenir professionnel qui serait bon pour nous deux. Il ne voulait pas végéter dans des petits boulots sans lendemain, mais faire quelque chose de sa vie.

Je ne voulais pas qu'il s'en aille. Il me dit qu'il avait déjà passé un entretien : l'armée voulait bien de lui. Ils voulaient mon Tom. Je sus alors que j'étais en train de le perdre. Un jour ou l'autre, il disparaîtrait totalement de ma vie. Perdu dans un nouveau monde où je n'aurais pas ma place.

Tom reçut des papiers à signer quelques semaines après son entretien. Ce soir-là, je pleurai de tout mon soûl. Ils m'enlevaient mon seul ami. Ils me volaient mon premier amour. Une fois de plus, j'étais dépossédée. Quelques semaines plus tard encore, il fut affecté au camp d'entraînement militaire d'Aldershot. Je le vis juste avant son départ. Il arriva à la maison avec un grand sac contenant une peluche que sa tante lui avait faite et à laquelle il tenait beaucoup. Il me dit qu'en son absence, c'est elle qui me ferait des câlins.

Je la serrai contre moi. Elle avait l'odeur de Tom.

Il m'écrivit régulièrement pendant sa formation et vint me voir à deux reprises lorsqu'il rentra en permission ; les deux fois, il vit Bill partir de chez nous. Je ne sais pas ce qu'il pensait, mais il avait l'air blessé. Je le trouvai différent après ces visites : quelque chose avait changé, sans que je sache précisément quoi. Je ne comprenais pas.

Je finis par le perdre, comme je m'y attendais. Et avec lui disparurent la confiance et le sentiment de ma liberté recouvrée. Le chapitre heureux de ma vie auquel je n'osais plus croire s'interrompit brutalement avant d'avoir eu une véritable chance de commencer. Je me retrouvais à nouveau dans la cage aux lions et personne n'était là pour m'aider à déverrouiller les cadenas.

Une fois de plus, j'étais à la merci de ceux qui avaient volé mon enfance. Ce n'était plus qu'une affaire de temps pour que le voleur se présente.

Je faisais tout ce que je pouvais pour échapper à Bill, qui venait régulièrement chez nous. Il me faisait même des avances pendant que mes parents se trouvaient dans le jardin. Un soir, peu après la dernière visite de Tom, j'avalai trente antidépresseurs de mon père et du paracétamol. J'attendis qu'ils fassent effet pendant un temps qui me parut interminable, mais rien ne se passait. Pourquoi n'était-ce pas plus rapide? J'étais au cinéma. Je me rappelle ma déception en constatant que je n'avais qu'un léger étourdissement. Puisque je ne me sentais pas si mal, je décidai que le moment était venu de faire mes adieux à Lucy.

J'arrivai chez elle deux heures après avoir pris les cachets. Elle venait de rentrer. Me voyant trébucher sur les marches puis m'écrouler dans le canapé, elle sut tout de suite que quelque chose n'allait pas.

— Est-ce que ça va? me demanda-t-elle.

— Oui, t'inquiète pas.

— T'aurais pas fait une bêtise, au moins? insista mon amie.

Alors que j'étais sur le point de répondre, mes larmes montèrent et me trahirent. Lucy courut chercher sa mère, qui se trouvait dans la pièce voisine ; celle-ci appela les secours. Dix minutes plus tard, une ambulance m'emmenait à l'hôpital toutes sirènes hurlantes.

Ce fut la plus longue nuit de ma vie. Je n'avais qu'une envie : mourir. On me fit un lavage d'estomac et je passai la journée du lendemain avec un psychiatre qui voulait savoir pourquoi j'avais tenté de me tuer.

Je présentai des excuses. Je mentis. Il me posait toujours plus de questions et je mentais avec toujours plus de facilité. Il le fallait : les mises en garde de Bill tournaient en boucle dans ma tête. Je n'ai jamais dit la vérité. J'ai gardé leurs secrets bien cachés tout au fond de moi.

Le secret de Bill.

Le secret de mon père.

Le secret de Simon.

Mon secret.

J'ai eu une brève opportunité de les révéler au grand jour dans un endroit où j'étais en sécurité, mais je ne l'ai pas saisie. Pourquoi ? Parce que j'avais peur de ce qu'on penserait de moi.

Et parce que *j'avais* laissé cela se produire.

Et parce que *je* ne les avais pas arrêtés.

11

J'avais perdu toute chance de m'échapper. J'aurais tellement aimé que cela fonctionne! Je ne voulais plus continuer à vivre cette vie que je ne maîtrisais en rien. C'étaient les autres qui la contrôlaient: mon père, ma mère et Bill; ils avaient tous leur mot à dire, mais ma voix à moi ne comptait pas. Personne ne se souciait d'elle ni ne l'entendait. Comme si mes mots n'étaient que silence.

Tour à tour, tous me demandèrent pourquoi j'avais pris ces cachets, mais je ne leur dis rien. Je n'avais pas à leur expliquer les raisons de ma tentative de suicide. Après tout, ils avaient eu l'occasion de changer le cours de ma vie et ne l'avaient pas saisie.

Papa aurait pu se retenir de me toucher.

Bill aurait pu se détourner du chemin qui l'avait conduit à abuser d'une fillette de onze ans.

Et maman aurait pu ne pas autant céder à son addiction au bingo.

À aucun d'eux, je n'avais l'intention de parler de ce que j'avais fait. Je garderais mes pensées et mes souvenirs pour moi, à l'abri. Je n'avais aucune envie de leur y donner accès. Bill dut bien comprendre qu'il était à l'origine de mon acte, mais il n'aborda jamais le sujet. C'était à cause de lui que j'avais voulu en finir, mais ce que je voulais ne l'intéressait pas : seul comptait ce qu'il pouvait obtenir. Il était toujours plus focalisé sur ses besoins et eux seuls.

Chaque nouveau jour qui s'achevait et s'ajoutait à la liste des jours usés, abusés, je ne pensais qu'à l'exclure de mes futurs souvenirs. Je voulais devenir l'enfant que je n'avais jamais été. Je voulais enfin rentrer en possession de ma vie, de mon corps et de mon esprit. Tous trois m'appartenaient, mais tous trois m'avaient été volés, me laissant démunie.

Et personne ne s'en est soucié.

Qui avait permis à ces hommes de me soustraire un bien plus précieux que l'or ou les plus fins diamants ? Je voulais reprendre ma vie en main et en polir les rayures accumulées, qui avaient fini par s'incruster dans ma peau. Je priai pour mon pardon et mon salut. Je ne savais pas trop en quoi je croyais, à cette époque, mais je priais très souvent. Au bout d'un moment, toutefois, comme personne ne me répondait, j'en suis arrivée à la conclusion que quelqu'un d'autre devait être davantage dans le besoin que moi.

Personne ne m'a rassurée.

Personne n'a entendu les appels à l'aide soigneusement enveloppés dans mes prières.

Trop bien enveloppés, peut-être…

Mes rêves ne se sont pas réalisés ; ils sont demeurés en morceaux, comme le reste de ma vie, comme un miroir ou une porcelaine brisés.

Perdus à jamais, impossibles à recoller parce qu'il en manquait toujours un fragment.

Il fallait que je fasse quelque chose. Tout au fond de moi, je savais que je ne supporterais pas beaucoup plus de ces tortures trop régulières.

Comment les arrêter?

Si seulement j'avais su…

Je continuais de chercher des réponses qui, comme moi, semblaient perdues.

Bill était toujours là. Sa présence devenait une ombre permanente, m'envahissant jour et nuit. J'avais l'impression de vivre un terrible cauchemar. Il me fallait réagir, vite ; mais comment? L'expérience me montrait bien que j'étais seule et pourtant, de désespoir, j'imaginais pouvoir compter sur une armée entière. Mais comment rassembler cette armée chimérique?

S'il fallait que j'essaie encore, je le savais, comment se débarrasser d'un fléau qui vous détruit avec une force contre laquelle vous ne pouvez rien puisque vous n'êtes encore qu'une enfant? Comment pouvais-je l'arrêter au bout de trois ans?

Je tentais depuis si longtemps de trouver la réponse. Bill, lui, était dans sa routine : il venait me chercher, m'emmenait chez lui, faisait ce qu'il avait à faire, puis me ramenait gentiment à la maison, laminée.

La préparation des sandwichs n'était plus qu'une façade, une excuse pour obtenir sans problème l'accord de mes parents. Chaque passage à son appartement était pire que le précédent. La plupart du temps, il me lavait de manière obsessionnelle. Il éjaculait sur moi plus souvent que je ne veux m'en souvenir et m'imposait des fellations au point que je priais pour m'évanouir. Il avait maintenant soixante et un ans ; je n'en avais que quatorze.

Pourquoi faisait-il toutes ces choses ?

Qu'en retirait-il ?

Est-ce que ça l'amusait ?

Est-ce qu'il aimait vraiment cela ?

Pourquoi n'avait-il pas des relations normales avec sa femme ?

Pourquoi était-il attiré par moi ?

Pourquoi abusait-il de moi ?

Pourquoi un homme abuse-t-il d'une enfant ?

Peut-être ne me regardait-il pas comme une enfant. Je grandissais et mon corps devenait celui d'une jeune femme. Considérait-il désormais que ses faits et gestes à mon égard étaient normaux ?

J'essayais en vain de trouver des réponses à ces questions. Souvent, j'ai voulu les lui poser, mais au moment de les formuler, en un fragment de seconde, je voyais ce regard dans ses yeux ; ce regard qui m'effrayait. Comme si je n'étais pas censée savoir, comme si je ne devais jamais comprendre. Et je me demandais alors, comme il m'arrive encore de me le demander : voulais-je vraiment savoir ? Que m'apporteraient ces réponses, après tout ce temps ?

Il fallait que j'essaie d'être plus forte. Il fallait que je trouve un moyen de combattre ce qui m'arrivait. Tous les soirs, avant de m'endormir, j'appelais à l'aide. Encore et encore. À la fin, je savais que personne ne me répondrait.

Pourquoi ?

Parce que je n'en avais parlé à personne.

Comment obtenir de l'aide quand personne n'est au courant ?

Je commençai à rejeter de ma mémoire les images d'abus, à me nettoyer l'esprit pour devenir quelqu'un d'autre. Même si je me sentais plus forte, je préservais le secret le plus absolu sur ma vie. Je ne voulais pas que Bill vienne à la maison. Je ne voulais pas que mes amis me voient monter dans sa voiture. Je ne voulais pas qu'on me pose de questions. Je ne voulais pas le faire passer pour un membre de notre famille pour qu'on arrête de m'en poser. Je voulais que personne ne sache rien.

Je ne voulais pas être traitée de traînée. Dans la classe au-dessus de moi, une élève avait couché avec un garçon plus âgé. J'avais entendu des filles en parler comme d'une traînée. C'était tout ce qu'elle méritait, disaient-elles. Cela dura plus d'un trimestre. Étais-je une traînée, moi aussi ? Non, au fond de moi, je savais que non ; pourtant, parfois, j'en avais le sentiment.

Je ne pouvais rien faire pour contrer ce qui m'arrivait, malgré les forces qui me revenaient. Je les sentais présentes, mais il fallait maintenant que je trouve la bonne manière de les utiliser.

Je commençais à réaliser que Bill ne relâcherait jamais de lui-même son emprise. Mon corps me donnait l'impression d'être contraint par des chaînes bien réelles dont la pression se resserrait jour après jour, absorbant mon énergie nouvelle. Quelles que fussent mes plausibles excuses pour ne pas suivre Bill, lorsqu'il venait chez nous ou après les parties de bingo, mes tentatives de lui échapper tournaient court. C'était chaque fois lui qui l'emportait. Maman évacuait toujours mes arguments : ce que je prétendais avoir à faire pouvait sûrement attendre. N'était-il pas plus important de prêter main-forte à un ami ?

Si seulement elle avait su la vérité… Si j'aidais Bill, c'était en ne disant rien à personne. En ayant trop peur d'en parler et, plus important encore, en ayant de plus en plus peur à chaque minute qui passait.

Je gardais son secret.

Je préservais la sécurité de Bill.

Je protégeais un pédophile. Depuis des années.

Je me demandais si Bill abusait d'autres filles. S'il avait d'autres proies en tête. J'espérais que non, du plus profond de mon cœur. Je crois qu'il n'en aurait pas eu le temps, vu celui qu'il me consacrait. Si ma mère n'avait pas autant insisté pour que je l'accompagne à tout instant, il aurait eu l'occasion de jeter son dévolu sur d'autres filles et de les soumettre au même cauchemar que le mien.

Ces quatre années d'abus les avaient-elles protégées, elles ? À vrai dire, je n'en savais rien.

En mûrissant, le côté malsain de toute cette histoire m'apparaissait plus clairement. Je n'avais toujours pas de réponses à mes questions, mais je distinguais mieux les torts. Et il fallait que je fasse quelque chose avant que le piège ne se referme entièrement sur moi.

Lucy me donna une idée en me parlant d'une nouvelle salle paroissiale qui organisait des soirées le mercredi, le vendredi et le samedi. Elle y était allée la semaine précédente et comptait y retourner quelques jours plus tard. Nous demandâmes à mes parents si je pouvais l'accompagner.

— Combien ça coûte? demanda mon père.

— Quinze pence le mercredi et le vendredi, et vingt pence le samedi, répondit Lucy. Plus le prix du ticket de bus.

— Et c'est à quelle heure? se renseigna ma mère.

— Il faudrait que je parte à six heures moins le quart, répondis-je.

Lucy me regarda d'un air étonné: nous comptions prendre le bus de six heures vingt et il ne me fallait pas une demi-heure pour aller jusque chez elle. Mais, en amie fidèle, elle ne releva pas.

— Et on sera revenues pour dix heures, compléta-t-elle.

— D'accord, vous pourrez y aller le mercredi, tant que vous rentrez à l'heure.

J'étais aux anges. J'avais enfin trouvé un moyen d'échapper à Bill le mercredi. *Il venait me chercher tous les mercredis.*

Le mercredi soir suivant, je me préparais à partir lorsque Bill arriva à son heure habituelle. Maman l'accueillit sur le seuil de la porte; elle s'apprêtait à aller faire des courses et j'étais contente d'avoir réussi à la retarder un peu en discutant avec elle. Elle lui expliqua que je ne pourrais pas l'aider ce soir-là puisque je sortais avec Lucy. Le ton de leurs voix monta. Heureusement, papa, dans le jardin à l'arrière de la maison, ne pouvait pas les entendre. Bill s'énervait contre ma mère, lui disant qu'il lui avait déjà payé ses tickets de bingo deux fois cette semaine et que cela méritait bien que je lui donne un coup de main pour la préparation du bar. Maman répondit qu'elle m'avait promis ma soirée. Il marmonna quelque chose et retourna d'un pas pressé à sa voiture. Levant la tête, il me vit qui l'observais derrière le rideau de ma fenêtre. Je reculai en croisant son regard ; il avait dans les yeux une intensité que je n'avais encore jamais vue.

Il me terrifia. Tous les muscles de mon corps se raidirent. C'était un regard de haine et de colère mêlées. Bill préparait déjà sa revanche. Il allait revenir ; il revenait toujours. J'essayais de ne pas y penser. Mais dans un coin de mon esprit, ce regard se tenait en embuscade, prêt à surgir et à prendre toute la place dans les rêves qui allaient m'emporter.

Le mercredi suivant, Bill fut en colère d'apprendre que je sortais à nouveau avec Lucy et, deux jours plus tard, il vint une demi-heure plus tôt que d'habitude. Prétextant un extra, il demanda à maman si je pouvais rester avec lui un peu plus longtemps. Il lui annonça aussi qu'il prenait cinq jours de vacances en bord de mer la semaine suivante et qu'il serait ravi de m'emmener pour me remercier de tous mes services. Je ne voulais même pas savoir où il partait – ce qui me permettrait de l'imaginer à l'autre bout du monde, loin, très loin de moi – et espérais de tout mon cœur que maman refuserait une offre aussi stupide.

Je n'en crus pas mes oreilles lorsqu'elle accepta. Même papa était d'accord.

Avais-je bien entendu ? Avaient-ils dit oui tous les deux ?

Une fois seul avec moi, Bill laissa éclater sa colère. Il me traita d'égoïste et d'ingrate pour lui avoir fait faux bond. Après tout, il m'avait donné de l'argent. En réalité, c'est à ma mère qu'il en donnait, mais dans son esprit c'était du pareil au même. Si je voulais encore de l'argent, me dit-il, je n'avais pas intérêt à recommencer.

En était-il arrivé à penser qu'il payait ma mère pour abuser de moi ? Comment ne pas me sentir une vulgaire prostituée de bas étage affectée à son usage personnel ? Je détestais ses sous-entendus. Et je détestais plus encore le sentiment que cela me laissait. Je le détestais de faire de moi une personne immorale aux yeux de mon entourage.

J'aurais voulu me recroqueviller et mourir.

Chaque jour, je préparais des plans secrets. Je n'écrivais jamais rien, car je ne voulais pas que quiconque en ait vent. C'étaient mes plans ; je craignais qu'ils ne s'écroulent à l'instant même où quelqu'un en aurait connaissance. Je préférais les conserver à l'abri de mon être, dans une boîte spéciale à laquelle je pouvais seule accéder.

Cette boîte était rangée auprès des autres dans les compartiments de ma mémoire. C'était plus sûr ainsi. Personne ne les voyait. Personne ne pouvait les ouvrir, à part moi. Mes boîtes renfermaient des souvenirs qui, avec le temps, étaient devenus encombrants et lourds à porter. Le poids des secrets m'écrasait. La première boîte contenait mes questions ; des questions dont je ne pourrais me libérer qu'une fois les réponses enfin trouvées.

La deuxième était pleine des terribles images de ma vie. J'en laissais toujours le couvercle légèrement ouvert afin d'y glisser les nouveaux mauvais souvenirs qui continuaient de se former.

Et dans la troisième boîte se trouvaient mes bons souvenirs. Celle-ci était plus petite que les deux autres. Elle n'avait pas de couvercle. Elle n'en avait pas besoin. Elle ne risquait pas de déborder. Les bons souvenirs que j'y conservais en recouvraient à peine le fond. Il restait beaucoup de place dans cette boîte ; les bons souvenirs n'étaient pas si faciles à trouver.

Décidée à mettre un plan en œuvre, je résolus de contribuer beaucoup plus que d'habitude aux tâches domestiques. Aider était la règle à la maison et cela valait pour tout le monde. Le week-end, chacun devait faire le ménage dans une pièce avant de vaquer à ses occupations. En prenant à mon compte davantage de travail, je pourrais gagner un peu plus d'argent de poche et donc sortir plus souvent avec Lucy.

La semaine suivante, je travaillai d'arrache-pied, mettant à profit tout mon temps libre. Je fis les lessives, le repassage et changeai même les lits. Je m'occupai ensuite du jardin. Papa étant parti pêcher deux jours avec son frère, je tondis la pelouse, arrachai les mauvaises herbes et arrosai les plantes sous la serre.

Mon plan fonctionna. Je ne vis Bill que deux fois la semaine d'après, contre quatre la précédente, grâce à l'argent de poche supplémentaire qui me permit de sortir avec mon amie.

J'étais toute excitée d'avoir réussi à me libérer de mes chaînes pendant quelques soirées, mais Bill restait à proximité et pouvait compromettre mes plans à tout moment. Serais-je assez forte pour renouveler mon exploit?

Allongée sur mon lit, dans la maison depuis longtemps silencieuse, je me redressai soudain et priai pour trois choses.

La force.

Le salut.

Et le pardon, car mes plans étaient fondés sur des mensonges. J'avais prétendu vouloir aider mes parents davantage pour les soulager des corvées.

Mais ils semblaient reconnaissants, puisqu'ils me récompensaient par un supplément d'argent de poche. Je continuai donc de sortir avec Lucy chaque semaine. Je prenais soin de dépenser le minimum, mes tickets de bus et l'entrée aux soirées, pour pouvoir y retourner. Je n'achetais rien d'autre, ni boissons ni bonbons.

L'argent était ma porte de sortie.

Mon issue de secours.

La clé de ma cellule.

À chaque fois que j'avais la chance d'échapper à Bill, je goûtais en silence chaque précieuse seconde de ma liberté. C'était une petite partie de moi qui, dans ces moments-là, était rendue au monde et déployait doucement ses ailes. Une petite partie de ma peine qui se purgeait.

12

Je rencontrai Daniel un vendredi soir. Lucy ne l'aimait pas beaucoup, mais il me plaisait : il était poli et très calme. Lucy préférait les garçons plus mignons, autour de qui toutes les filles tournaient.

Daniel était vraiment gentil. Il n'était pas très grand, un peu nounours, mais son sourire vous réchauffait tout de suite le cœur. C'était un garçon prévenant, avec de beaux yeux bruns qui brillaient à chaque fois qu'il croisait mon regard. Daniel aidait lors des soirées de la salle paroissiale et allait à la messe le dimanche. Je n'avais pas eu l'occasion de le croiser plus tôt, car il était parti en vacances. En discutant avec lui, j'appris qu'il était plus âgé que moi, mais nos quatre ans de différence ne nous gênaient pas beaucoup. Nous nous entendions bien, il savait écouter et avec lui, je me sentais vraiment spéciale. Malgré sa timidité, Daniel trouva le courage de me proposer de sortir avec lui. Ce soir-là, il me raccompagna chez moi en voiture. Car il avait sa propre voiture !

Nous convînmes de nous revoir le dimanche après-midi. Je n'avais jamais été aussi heureuse depuis le départ de Tom. Je ne m'attendais pas à retomber de mon nuage en poussant la porte de chez moi.

Mon père était en colère, n'ayant pas du tout apprécié qu'un garçon en âge de conduire m'ait raccompagnée. Il me posa des tas de questions sur Dan avant de me laisser aller me coucher. L'interrogatoire me sembla durer des heures, et je ne comprenais pas ce qui le mettait dans cet état. Il finit par me dire que les garçons de dix-huit ans ne traînaient pas avec des filles de mon âge sans idée derrière la tête. Je ne voyais que trop bien ce qu'il insinuait.

Je montai me coucher énervée. Comment osait-il me dire cela ? N'avait-il pas eu lui-même de telles idées derrière la tête ? Qui était là pour veiller sur moi lorsqu'il avait franchi la porte de ma chambre ? Qui m'avait protégée de *lui* ?

Je sombrai dans un sommeil agité, rêvant que je vivais avec Daniel. Il était mon sauveur et mon espoir, même s'il ne le savait pas encore.

Mais Bill s'invita aussi dans mes rêves cette nuit-là, me rappelant que je devais garder le silence sur ce qui se passait.

Je me réveillai en sursaut, prise de sueurs froides ; la chaleur de Daniel avait depuis longtemps disparu.

Tandis que j'essayais de me rendormir, ma détermination se renforça. *J'allais réussir à m'en sortir.* J'appréciais Daniel et personne ne m'empêcherait de le voir ni n'entraverait notre bonheur naissant. Pas même mon père.

Je revis Daniel régulièrement, et même plus souvent que je n'aurais dû. Il m'emmenait à toutes les soirées et nous passions beaucoup de temps ensemble le week-end. Il me fit aussi découvrir les courses de stock-car. J'adorais cela. C'était si amusant de regarder les télescopages de voitures autour de la piste et de vibrer au son des cornes de brume des spectateurs enthousiastes ! Dans ces moments-là, j'avais l'impression de m'échapper complètement et qu'aucune barrière ne se refermerait plus jamais sur moi.

Pendant la semaine de vacances scolaires, Bill était venu plusieurs fois à la maison, mais ma mère lui avait dit que j'étais sortie avec Daniel. Un soir, devant le cimetière, nous croisâmes la voiture de Bill ; il allait chez nous. Je poussai un soupir de soulagement en songeant qu'il ne m'y trouverait pas. Il ne pourrait pas m'enlever. Pas ce soir, en tout cas…

J'étais contente qu'il ne m'ait pas vue dans la voiture de Daniel : ainsi, il ne saurait pas ce qu'il devait surveiller. Dans mon esprit, je me faisais l'effet d'une fugitive, même si je savais plus que jamais que ce qui m'arrivait n'était pas ma faute.

J'appréciais la présence de Daniel ; il m'apportait une bouffée d'air frais. Bientôt, un petit groupe de quatre se forma, avec Paul, un ami de Dan, et sa copine Karina. Nous nous entendions très bien. Et petit à petit, je tombai amoureuse de Daniel qui, lui, je le savais, m'aimait déjà.

La dernière compétition de stock-car de la saison avait lieu dans la station côtière de Blackpool, au Norbreck Castle Hotel. Nous nous y rendîmes tous les quatre, lors d'une magnifique journée. Pendant quelques heures, je ne pensai plus à mes problèmes. Je parvins à refermer le couvercle de la boîte où je rangeais mes mauvais souvenirs et à vivre pleinement dans un monde qui aurait dû m'être plus familier.

C'est Daniel qui m'avait ouvert ce nouveau monde.

Daniel m'avait libérée.

Il m'avait aidée, tout comme Tom avant lui.

J'aurais voulu que cette journée ne se termine jamais. Quand Daniel me raccompagna chez moi, nous restâmes un long moment blottis l'un contre l'autre, à nous embrasser, bien au chaud dans sa Mini blanche au toit noir. L'été touchait à sa fin, il commençait à faire froid dehors, mais nous étions bien, tous les deux, dans sa voiture. J'aurais aimé retenir ce moment. J'étais en train de tomber amoureuse de Dan.

Il me dit ce soir-là qu'il m'aimait.

Pour la première fois depuis le départ de Tom, je me sentis vraiment heureuse. Mais je ne méritais pas ce bonheur.

J'avais accompli des horreurs.

J'avais laissé des hommes me faire des horreurs.

J'avais menti à ma mère.

J'avais dit tellement de mensonges.

Et le mensonge n'était-il pas un péché?

Alors que l'amour et l'affection que m'offrait Daniel auraient dû m'envelopper toute la nuit, une froideur obsédante s'abattit sur moi. Une froideur qui me laissait dans l'ombre.

Je n'arrivais pas à trouver le sommeil face aux souvenirs qui se livraient bataille, envahissant mon esprit. Je passai des heures à me tourner et me retourner dans mon lit, avant que mes paupières lourdes ne finissent par se fermer, aux premiers rayons du soleil.

Ma mère me réveilla à 11 heures.

— Debout, paresseuse! Bill t'attend!

Non, pitié, dites-moi que je rêve. Ce n'est pas possible qu'il soit déjà là.

Si?

Les larmes montèrent derrière mes paupières closes. Je tombai par terre en sortant de mon lit, emberlificotée dans mes draps, encore à moitié endormie. Que faisait-il là? Il n'était même pas midi. Pourquoi n'était-il pas à la salle de bingo? Que voulait-il encore?

Il n'était pas censé venir aujourd'hui!

Qu'est-ce qui lui donnait le droit de penser qu'il pouvait toujours s'arroger davantage de journées avec moi? Ces journées m'appartenaient! C'était ma vie, maintenant. Je commençais à la prendre en main et il n'était pas le bienvenu.

Une immense colère m'envahit, comme je n'en avais encore jamais ressenti. Je voulais reprendre le cours de ma vie, être moi-même à nouveau. Je voulais devenir la fille que j'aurais dû être. Je savais pourquoi Bill était venu un jour inhabituel: j'avais réussi à me défaire de ses chaînes pendant toute une semaine et cela le rendait fou.

En descendant lentement l'escalier, j'entendais des voix entre la cuisine et le salon. Celle de ma mère était trop étouffée pour que je comprenne ce qu'elle disait, mais celle de Bill était parfaitement audible. Il parlait plus bas que d'habitude, ce qui rendait ses questions d'autant plus pressantes: «Quand est-ce qu'elle l'a rencontré? Quel âge a-t-il? Et tu la laisses sortir avec lui, Evelyn, malgré une telle différence d'âge? Il faut que tu fasses attention… Tu as pensé à ce que vont dire les gens?» Il lui laissait à peine le temps de répondre.

Il ne manquait pas de toupet. Qu'est-ce qui l'autorisait à interroger ma mère à propos de Dan? Pour qui se prenait-il? J'entrai dans la pièce et lui lançai un regard noir qui ne lui laissa aucun doute sur mes pensées. En retour, il me fixa d'un air plein de haine et de rancœur.

De quel droit me regardait-il ainsi? Qu'avais-je fait de mal?

Je le détestais plus que jamais. Tout ce que je voulais, c'était m'enfuir.

Si seulement Dan avait été là.

Dans la demi-heure qui suivit, je sillonnais à nouveau les mêmes routes familières qui menaient chez Bill. Je connaissais maintenant tous les trajets possibles, pour les avoir tous mémorisés. Je me retrouvais une fois de plus prisonnière, maman ayant accepté que j'accompagne Bill.

J'avais protesté; il avait protesté à son tour: ma mère lui avait promis que je l'aiderais. Et moins de vingt-cinq minutes plus tard, nous arrivions dans sa rue. Il arrêta le moteur.

— Très bien, dit-il. Allez, sors.

Il me traitait comme une criminelle, me jetant des regards si durs que je me repliai au fond de mon siège, incapable de bouger. La peur me paralysait.

— Allez ! siffla-t-il en m'attrapant le poignet pour me tirer vers lui.

Je n'avais pas le choix. Il fallait que je sorte de la voiture. Mon poignet me faisait mal, mais il ne me lâcha pas jusqu'à ce que nous entrions dans son appartement, où je pus enfin me défaire de sa prise. Il répliqua en me forçant à m'asseoir sur une chaise.

— Qu'est-ce qui te prend de sortir avec ce gars ?

— Qu'est-ce que ça peut te faire ? criai-je en retour.

Le son de ma propre voix me fit sursauter. Je ne me reconnaissais pas dans cette réaction. C'était la voix d'une personne forte, vivante, qui savait ce qu'elle voulait. Je n'avais jamais répondu sur ce ton à un adulte auparavant, cela me paraissait déplacé – même dans cette situation. Heureusement, Bill n'avait pas perçu ma surprise.

— Tu sais très bien que je ne veux pas que tu sortes avec des garçons. Ils ne pensent qu'à une chose…

En réalité, il ne supportait pas l'idée qu'un autre que lui me touche. Chaque geste ne venant pas de lui salissait sa précieuse Sarah, souillait sa peau qui n'était plus pleinement sienne. Bill me considérait comme une possession à part entière dans son monde, dont j'étais prisonnière. J'étais à lui. Et je sais qu'il pensait que je le serais toujours.

Lors de quelques précieuses journées, mes chaînes s'étaient relâchées. Pendant ce court laps de temps, j'avais cru pouvoir lui échapper. Comme je me leurrais ! Les chaînes se resserraient de plus belle – je le compris à l'instant où il m'attira vers lui, me jeta sur le lit et me fit toutes ces choses qu'il m'avait si souvent faites. Avec la différence, cette fois, qu'il y mettait plus de détermination et de violence, et une inquiétante obsession, indifférent à mes supplications.

Ce jour-là, il me fit vraiment mal. Je me dégageai plusieurs fois, mais il me rattrapait toujours, m'emprisonnant sous lui comme un frêle oiseau sous un aigle impudent. Il obtenait ce qu'il voulait. Il me faisait regretter mes tentatives.

Il me pénétrait encore plus fort.

On aurait dit qu'il n'avait pas d'autre but dans la vie.

J'étais à lui, et il ne fallait surtout pas que je l'oublie.

J'ai eu mal pendant des jours. J'avais l'impression qu'il avait déchiré les moindres parcelles de mon corps. Les bleus sur mes cuisses mirent un temps infini à disparaître, comme les images déjà formées dans mon esprit. Tous les jours, je les regardais changer de couleur dans le miroir. Ils me rappelaient Bill ; les interminables minutes passées avec ce monstre abominable.

Les bleus disparurent, mais pas le sentiment d'avoir été touchée contre mon gré. Ce dernier s'ancra dans mon subconscient avec la même force que celle déployée par Bill. Le souvenir de ses mains sur mon corps agitait mon esprit. Je finis par comprendre qu'il m'avait violée. Il m'avait emmenée chez lui contre ma volonté et avait couché avec moi contre ma volonté.

Dan vint me voir ce soir-là. Il voulait qu'on aille se balader, mais je prétextai ne pas me sentir bien. C'était un mensonge. Même si je l'avais voulu, je n'aurais pas pu sortir avec lui. Mon père ne m'avait pas laissée prendre un bain comme je l'avais souhaité, quelques heures plus tôt ; il me demandait d'attendre que ma mère ait fait la lessive. Je me sentais sale, dégradée. Je ne voulais pas que Dan me prenne dans ses bras tant que ma peau restait marquée par *sa* présence, *son* odeur, *son* contact.

Bill avait fait de moi un être fantoche, sans aucun but dans la vie. Je m'efforçais de ne pas penser à lui ni à ses méfaits tandis que j'attendais patiemment de pouvoir enfin me laver. À chaque seconde passée avec son odeur, je me sentais de plus en plus seule.

Pendant toute cette attente, mon corps me dégoûtait. J'aurais voulu en remplacer toutes les parties visibles. Je me demandais même si je pourrais changer de peau, pour ne plus avoir à purifier l'ancienne. Bien sûr, tout cela n'était que fantasmes ; mais vous n'avez plus rien si vous ne pouvez pas rêver.

Je commençai à repenser aux plans que j'avais échafaudés et décidai d'accélérer les choses. Je réfléchissais à Dan et à mes sentiments envers lui. Je ne voulais pas me retrouver seule. Grâce à lui, je me sentais aimée. Il m'avait laissé entrevoir un monde nouveau dans lequel j'avais ma place. Il me traitait avec respect et me donnait de la force. Mais je savais que Bill le détruirait, comme il avait dévasté mon rapport à Tom. Il ne fallait pas que Dan découvre quoi que ce soit, jamais.

Je me fis le serment d'emporter mon secret dans la tombe, pour que jamais Tom ni Daniel ne connaissent la vérité sur leur Sarah…

13

Je passai beaucoup de temps à réfléchir, les jours suivants. Il fallait que j'agisse rapidement. Au moment même où je me pensais à nouveau en sécurité, Bill débarqua sans prévenir, et il revint encore à deux reprises la même semaine. Il discuta avec ma mère et obtint ce qu'il voulait, comme d'habitude. J'entendis vaguement leur conversation. Cette fois, la voix de ma mère était la plus audible : « Oui, elle peut t'aider. Non, elle n'a rien de prévu. Bien sûr qu'elle pourra voir Daniel demain. » Et c'est ainsi que je dus à nouveau accompagner Bill, malgré mes protestations.

Après cela, je pris l'engagement d'essayer de me protéger. Je jurai qu'il ne me violerait plus jamais. Je devais briser ses chaînes, et il fallait que je les observe d'un peu plus près ; elles auraient bien un maillon faible. Je devais trouver un moyen de me libérer, quel qu'il soit. Je savais que Bill ne serait pas content s'il suspectait mes manigances, et qu'il ferait tout pour m'empêcher de lui échapper. Si je lui en laissais l'opportunité, il resserrerait encore davantage mes liens.

Il fallait que je me montre plus intelligente et que je garde un temps d'avance.

Mes plans de départ allaient-ils fonctionner, maintenant qu'il savait que je l'évitais? Cette nuit-là, dans mon lit, je priai de toutes mes forces pour que quelqu'un, quelque part, m'entende et me réponde. Y avait-il une âme prête à m'écouter?

Je décidai de tenter quelque chose d'inédit, forgeant le scénario dans mon esprit. C'était tout simple, mais le défi me paraissait insurmontable: la prochaine fois que Bill viendrait, je lui dirais simplement non.

Non, je ne viens pas avec toi aujourd'hui.

Je me répétais ces mots encore et encore.

Non, je ne viens pas avec toi aujourd'hui.

Non, je ne viens pas avec toi aujourd'hui.

Non, je ne viens pas avec toi aujourd'hui.

Non, je ne viens pas avec toi aujourd'hui.

À chaque fois, ils prenaient plus de force et de réalité. Mais le lendemain, en entendant sa voiture arriver, mon assurance s'évanouit.

J'avais peur.

Comment une enfant peut-elle affronter une si écrasante adversité?

La portière claqua, la barrière s'ouvrit puis se referma dans un grincement. Tous les bruits prenaient une ampleur inhabituelle. Quelques instants plus tard, il toqua à la porte à son idiote manière: faiblement, comme l'homme faible qu'il était. Il entra et traversa le couloir jusqu'à la cuisine.

— Ce n'est que moi! annonça-t-il.

La réponse fusa dans ma tête:

Si ce n'est que toi, alors *va-t'en!*

J'aurais plus que tout aimé avoir le courage de le lui dire en face, mais je ne pouvais pas. Je ne m'en sentais pas le droit.

Pourquoi ? Il était pourtant le seul coupable ! Mais on ne répondait pas aux adultes. C'était comme ça. Les enfants devaient rester à leur place.

La voix de ma mère résonna au loin. Elle rentrait du jardin.

— Bonjour ! lui dit-elle pour l'accueillir, en lui proposant aussitôt une tasse de thé.

— Non, merci. Je suis juste venu chercher Sarah.

Une telle hypocrisie me donna le frisson. Je voulais l'entendre lui dire qu'il venait me chercher pour abuser de moi. Je voulais qu'il dise la vérité et que cesse enfin cette interminable série de mensonges. Je voulais l'entendre lui dire qu'il avait passé les trois dernières années à abuser de moi. Je voulais qu'il demande pardon.

Quelques minutes passèrent. Des bribes de conversation étouffées parvenaient jusqu'à ma chambre. Je craignais que maman ne m'appelle d'une seconde à l'autre, mais j'étais encore plus mal à l'aise quand elle n'en eut rien fait, dix minutes plus tard. Cette attente était insupportable. Je descendis doucement l'escalier, tremblant de peur ; maman ouvrit la porte juste au moment où j'allais saisir la poignée. Je reculai, surprise. Derrière elle, Bill se leva de sa chaise et me sourit de son air détestable. Cette fois, je lui rendis son sourire. Il ne s'attendait absolument pas à ce qui suivit.

— Ça va, Sarah ? dit-il. Allez, on y va.

Il fourra la main dans sa poche pour en sortir ses clés tout en se dirigeant vers la porte, une lueur de joie dans les yeux. Je savais mieux que personne ce qui le mettait de bonne humeur. Il pensait déjà à ce qui allait se passer : le trajet en voiture, puis il me laverait, coucherait avec moi, m'éjaculerait sur le ventre et me laisserait repartir.

Non, pas cette fois, mon vieux… J'allais enfin prendre mon destin en main.

— Désolée, répondis-je, je ne peux pas aujourd'hui. Lucy arrive. On doit réviser ensemble.

Je levai lentement les yeux vers lui. Il avait deviné la vérité ; je le voyais à l'éclat de colère qui brillait dans son regard quand il se tourna vers moi. Je ne bougeai pas, le fixant d'un air que j'espérais parlant : « Plus jamais. C'est terminé. »

Il se contenta d'ouvrir la porte et lança en partant :

— Bon, alors à vendredi.

Il ne devait pas se rendre compte que je l'attendrais de pied ferme, revigorée et prête à l'affronter de nouveau.

La porte se referma, la barrière grinça, la portière claqua et le bruit du moteur finit par s'évanouir au bout de la rue. Et à chaque seconde qui passait, mon sentiment de liberté s'épanouissait. Il était cette fois teinté d'un véritable espoir.

J'allai chercher de l'huile dans l'appentis pour en badigeonner les gonds de la barrière. Pour un peu, j'aurais juré les entendre me dire merci.

Un peu plus tard dans l'après-midi, je vis Daniel. Je n'avais jamais été aussi heureuse de voir sa Mini se garer devant chez nous. Après une balade, nous allâmes à la salle paroissiale débarrasser quelques cartons pour le pasteur. Daniel sentait bien que j'étais plus joviale, plus libérée que d'habitude. Il me dit qu'il me trouvait différente, sans savoir l'expliquer. Je me contentai de glousser bêtement. Nous passâmes une formidable soirée à discuter et à rire – des rires plus libres que jamais. Ce soir-là, Daniel me serra contre lui. Mon cœur battait la chamade et j'avais des papillons dans le ventre. Et ce soir-là, nos corps s'entrelacèrent pour ne faire qu'un. Si seulement ce que je ressentais avec Daniel avait pu durer toujours : la sécurité, l'amour et la chaleur de ses bras et de son cœur.

Mais la réalité ne tarda pas à me rattraper. Mes rêveries s'interrompirent au moment même où Daniel me déposa devant chez moi. Je tentai de m'endormir, en vain. Je prenais conscience que Bill était sûrement furieux du tour que je lui avais joué. Il fallait que je me débrouille pour être absente quand il reviendrait, vendredi. Le lendemain matin, j'appelai Lucy pour lui proposer une sortie en ville.

Je n'étais pas vraiment préparée à voir Bill dès le jeudi.

Je révisais pour les examens blancs qui approchaient et que j'étais bien décidée à réussir. Ils commenceraient par l'épreuve de littérature. J'adorais cette matière, mais j'avais toujours du mal à retenir ce que je lisais. J'étais plongée dans l'un des livres au programme lorsque Bill arriva, à 18 h 30. Ma mère était partie faire des courses et mon père s'affairait dans la cuisine.

Entré par la porte de derrière, Bill passa une vingtaine de minutes à discuter avec mon père. Incapable de rester concentrée, j'arrêtai de travailler. Il était de retour, et je n'entendais pas ce qui se disait dans la cuisine. Je me laissais gagner peu à peu par le stress. Comment allais-je pouvoir lui échapper, cette fois ? Je n'étais même plus en sécurité dans ma propre maison. Il était partout, comme s'il me harcelait. S'il n'était pas là physiquement, il hantait mon esprit. Je me sentais prise au piège, sans issue possible.

La porte du couloir s'ouvrit et mon père m'appela :

— Bill est là, Sarah.

J'aurais voulu me recroqueviller et m'endormir, puis me rendre compte que tout cela n'était qu'un mauvais rêve.

Papa me rappela d'une voix impatiente :

— Sarah ! Bill est là !

Je descendis.

— Bill a besoin de toi au bar. Jean n'a pas pu venir, elle est malade. J'ai dit à Bill que tu pourrais sûrement lui donner un coup de main.

Il me sourit.

— Il faut que je révise, mes examens commencent la semaine prochaine.

— Oh, mais tu as le temps, tu pourras travailler ce week-end, répliqua mon père.

— On n'en a pas pour longtemps, ajouta Bill, comme pour sceller leur accord.

Après un temps de réflexion, je poursuivis mon argumentation.

— Non, désolée, je dois réviser.

Ma voix se raffermit en prononçant ces quelques mots.

— Ces examens sont vraiment importants pour moi, papa, poursuivis-je. Tu veux que je réussisse, non?

Les deux hommes échangèrent un regard puis ramenèrent leur attention sur moi. Papa avait l'air en colère: j'avais osé lui répondre. Quant à Bill, ses yeux me transperçaient comme un jet d'acide. Je me sentais terriblement mal à l'aise. Papa opinait à chaque fois que Bill ouvrait la bouche. J'avais l'impression d'être une petite fille prise en faute pour avoir mangé un bonbon juste avant le dîner.

Papa insista pour que j'y aille, malgré mes protestations. Je fis alors traîner les préparatifs, passant aux toilettes, me brossant trois fois les cheveux, me débarbouillant quatre fois. De cette manière, pensais-je, je passerais moins de temps chez Bill. Et, ce faisant, je me rendais compte que j'essayais simplement de récupérer quelques minutes de celles que Bill voulait me voler. Pendant tout le trajet, je rêvais d'ouvrir la portière et m'enfuir. Ces dernières semaines, mon regard sur moi-même avait changé. De nouvelles pensées, de nouveaux sentiments avaient mûri et nourrissaient une angoisse qui augmentait au fil des jours. Je me voyais à nouveau comme une prostituée de bas étage, à l'usage exclusif de Bill. Après tout, n'étais-je pas la fille idéale pour un homme de son âge? Intacte, jamais touchée par un autre. Une bonne affaire. Sans le moindre défaut. Éveillée peu à peu à de nouvelles sensations par lui et lui seul.

Alors que nous étions une fois de plus à son appartement, Bill me regarda plus longuement que d'habitude ; il observait les changements de ma physionomie. Il avait essayé de me déshabiller entièrement, mais j'avais mis tellement d'énergie à l'en empêcher qu'il avait fini par abandonner. Je refusais de m'allonger nue auprès de lui comme il le voulait. Cela le contrariait beaucoup. Il aurait voulu me voir sauter gaiement dans son lit comme le ferait une jeune femme amoureuse. C'était sa façon de penser, sordide et perverse. Après tout, me dit-il, ce n'était pas comme s'il n'avait jamais vu mes seins et mon sexe !

Le soir, en rentrant, je parvins à accéder à la salle de bains la première. J'entendis maman se plaindre que quelqu'un avait utilisé toute l'eau chaude, mais je ne me souciais plus ni d'elle, ni de mon père, ni de personne.

J'avais pris mon bain. Je l'avais mérité. Frottant plus que jamais ma peau, à la rendre douloureuse. Il fallait que la trace de ses mains disparaisse. Il fallait laver ces souillures. J'utilisai même une brosse et de la poudre à récurer. Je me regardai dans le miroir quand j'eus terminé. Mais sous les rougeurs et les égratignures, je voyais toujours l'empreinte de ses mains, indélébile.

14

Après ce jour, Bill ne vint plus aussi souvent. Je sortais m'amuser comme n'importe quelle adolescente. Au début, cela me faisait bizarre d'aller danser plus souvent, de voir mes amis et de passer beaucoup plus de temps avec Daniel. Pendant cette période, nous avons écumé les compétitions de stock-car. J'aimais tout particulièrement aller à Bolton, à une quarantaine de kilomètres, pour m'éloigner de chez moi plus longtemps.

J'adorais découvrir de nouvelles villes. J'adorais chaque moment passé avec Dan dans sa Mini, notre petit cocon à nous, un monde dans lequel Bill n'avait pas sa place. Daniel et moi ne cessions de nous rapprocher, mais je ne pouvais pas m'empêcher de penser que je le trahissais, d'une certaine manière. Je me perdais souvent dans mes pensées, à me demander comment il réagirait s'il savait que sa petite amie, qu'il estimait tant, était le jouet d'un pédophile de soixante et un ans depuis des années.

Malgré son amour et sa gentillesse, Daniel n'aurait sans doute pas pu assumer mon passé. Jamais il n'aurait voulu me blesser, mais je savais au fond de moi qu'il aurait été incapable de lutter contre l'amertume et la haine qui l'auraient étouffé, détruisant ce que nous avions patiemment bâti ensemble.

Il est très difficile de concevoir la maltraitance sexuelle, et plus encore de l'accepter.

Les choses commencèrent à changer entre nous au bout de cinq mois de relation. Daniel avait oublié de me parler d'une course de stock-car à laquelle il comptait m'emmener. Il vint me chercher à la maison, tentant sa chance : par miracle, mon père accepterait peut-être. Mais papa ne me laissait jamais sortir dans la semaine s'il n'avait pas été prévenu. Il était en outre dans un de ses mauvais jours quand Daniel arriva ; je savais que c'était sans espoir. En voyant Daniel dans la cuisine, papa tourna tout de suite les talons et m'appela du salon. Papa n'appréciait pas Daniel. Dès le début, la différence d'âge lui avait posé problème. Mais en fait, il n'aimait pas que je sorte avec un garçon, point final.

Il me demanda ce que Daniel faisait là : je lui parlai de la course et d'un projet de sortie pour le soir même, ce qui le mit encore plus en colère. Pour je ne sais quelle raison, il décida de s'en prendre à Daniel. Il fonça dans la cuisine et le harcela de questions :

— Pourquoi est-ce que tu veux sortir avec Sarah ? Tu sais quel âge elle a ?

Papa avait toujours pensé que j'avais menti à Daniel sur mon âge ; il n'a jamais compris notre histoire.

— Oui, bien sûr. Elle a quatorze ans, répondit Daniel en se rapprochant de moi.

Papa se crispa encore davantage en le voyant prendre ma main.

— Eh bien, tu peux rentrer chez toi, lui grogna-t-il. Elle ne *sort pas* aujourd'hui.

Daniel avait l'air choqué et blessé. Papa avait exagéré et je voyais bien, dans le regard de Daniel, que son attitude de plus en plus désagréable envers lui commençait à le lasser. Il s'en alla. Je le suivis. Il fallait que je lui parle, seul à seule. Nous restâmes près d'une heure à discuter dans sa voiture. Pendant tout ce temps, je voyais mon père, à la fenêtre, me faire signe de rentrer.

Daniel avait été ma planche de salut au cours des mois écoulés. Par sa simple présence, il avait repoussé l'homme qui me harcelait, sans même connaître son existence. Désormais, il commençait à s'éloigner de moi… Qui pouvait le lui reprocher? Notre différence d'âge n'avait jamais constitué un problème, mais, là, c'était différent: les mots de mon père l'avaient agressé et il ne le méritait pas. Son seul crime était de m'aimer. Il n'appréciait pas du tout d'avoir été traité comme un collégien et j'étais bien seule à le défendre. Maman ne m'aiderait pas, par peur de déclencher une nouvelle dispute avec son mari. Papa s'emportait facilement et, en toute logique, elle s'efforçait de le préserver.

Un jour, j'ai demandé à mon père pourquoi il avait traité Daniel de cette manière, mais il a refusé de me répondre, se contentant de tourner les talons.

Karina, sachant que Daniel en avait marre, s'était rapprochée de lui, profitant de la moindre occasion pour lui parler. Elle avait un an de plus que moi et sortait toujours avec Paul. Nous nous voyions de temps à autre, beaucoup moins qu'au début. Karina ne cachait pas son attirance pour Daniel. Je compris que j'étais en train de le perdre un jour où je les vis tous les deux. La semaine suivante, en les observant, un immense sentiment de solitude m'envahit. J'aurais voulu partir de cette ville, trouver un endroit où nous ne serions que tous les deux, Daniel et moi. À la manière dont il la regardait, je savais qu'il allait me quitter pour elle. Cette nuit-là, ma peine fut intolérable. J'avais l'impression que mon corps, une fois de plus, était ravagé de tristesse.

Nous nous séparâmes bons amis, mais je me sentais plus seule que jamais. J'avais perdu à la fois l'espoir et la confiance retrouvés. La lumière que Daniel avait fait briller n'était plus qu'une petite flamme fragile, que la moindre bourrasque éteindrait.

Qu'allais-je faire, maintenant?

Vers qui me tourner?

Qui pourrait m'aider?

Je me sentais si seule.

Si perturbée.

Si effrayée.

Et surtout, si désespérée.

Trois semaines après notre rupture, j'avais perdu toute mon énergie et le goût de vivre. Je me retrouvais isolée. Je ne pouvais évidemment pas parler à Karina, qui avait pris ma place. Le seul véritable ami que j'aie eu m'avait été volé par une soi-disant amie... Je n'ai jamais vraiment compris pourquoi elle m'avait fait cela. Ma confiance en moi en avait pris un coup. Ma vie s'enlisait. Même Lucy n'était plus disponible pour discuter. Elle passait son temps à courir après un certain Adam dont elle était tombée follement amoureuse. Mais, du haut de ses seize ans, il ne prêtait pas attention à elle – du moins, pas comme elle l'aurait voulu. Souvent, en descendant du bus après nos soirées, nous attendions de le voir arriver au coin de la rue et le suivions jusque chez lui, pour que Lucy le voie un peu plus longtemps. Nous l'observions même à travers la fenêtre de sa cuisine ! Elle était vraiment accro. Je ne pouvais pas lui en vouloir, car Adam était vraiment beau garçon : pas très grand, mais blond, avec de jolis traits et de magnifiques yeux bleus, aussi chaleureux qu'attirants.

Quant à moi, je commençai à voir Paul qui m'avait proposé de sortir avec lui. C'était un bon garçon, même si je le trouvais parfois un peu trop sérieux. À force de nous voir, nous devînmes assez proches. Nous nous retrouvions lors de nos soirées, où allaient aussi Dan et Karina.

Un jour, Bill réapparut comme par magie. Personne ne s'était étonné de son éclipse. Et personne ne dit rien en le voyant reparaître. Il entra en souriant, tel un membre de la famille. Je n'avais jamais aimé la familiarité avec laquelle il se comportait chez nous. Il déambulait comme en terrain conquis. Sa simple présence polluait la pièce. La cuisine s'emplissait d'une odeur âcre et amère de vieux pervers ; une odeur qui leur colle à la peau et qui ne peut tromper les gens comme moi, qu'ils ont abusés.

Il s'assit et resta là à discuter pendant quarante minutes, en me souriant. Chaque minute qui passait me semblait durer une heure. Puis il regarda sa montre, se leva et s'apprêta à prendre congé en disant qu'il avait des sandwichs à préparer. Je me tortillai sur ma chaise, mal à l'aise, et mon sang se glaça quand ma mère suggéra :

— Attends une minute, Sarah va venir avec toi.

Il la regarda, se tourna vers moi et me lança son pitoyable sourire. On aurait dit qu'il avait gagné le jackpot au bingo. Je me souviens clairement d'avoir protesté de toutes mes forces, mais ma mère n'en démordit pas. J'aiderais Bill, un point c'est tout. Je regardai mon père, assis de l'autre côté de la table : il souriait à Bill, évitant mon regard.

Non, ce n'est pas possible…

Je devais me tromper…

Est-ce qu'ils étaient complices ?

Est-ce qu'ils allaient comparer leurs impressions quand Bill me ramènerait chez moi ?

Papa ne ferait jamais cela. Si ?

Une fois de plus, Bill m'emmena dans son appartement et s'adonna à son rituel. Je restais là allongée, rigide, en pleurs, le suppliant d'arrêter.

Il disait qu'il aimait être avec moi. Qu'il me trouvait belle et qu'il voulait continuer de me voir, toujours.

J'avais tellement envie que cela se termine. Je parvins à me dégager avant qu'il ne m'éjacule sur le ventre. Je sentis un regain de courage en moi ce jour-là. D'où cela venait-il ? Je ne le saurai sans doute jamais. Mais tout cela devait s'arrêter ; c'était ma seule certitude. Sinon, la prochaine fois, aucune velléité de faire mes adieux ne mettrait en péril mon suicide.

Sur le chemin du retour, je me rappelle être devenue soudain très calme. À cause du choc, je pense – le choc de réaliser que j'avais repris des forces. Tandis que nous arrivions devant chez moi, je dis à Bill que c'était la dernière fois que j'allais chez lui.

Il me jeta un regard féroce, mais cette fois, il ne m'impressionna pas. Je lui dis que je voulais passer du temps avec mes amis, pas avec lui. Je lui dis que je savais, désormais, que ce qu'il faisait était mal. Il m'a fallu près de quatre ans pour me révolter et affirmer mes droits ; malheureusement, il était trop tard pour sauver mon enfance perdue. Après tout, à quoi m'aurait servi désormais de m'ouvrir de cela à quiconque, puisque ces années volées l'étaient à tout jamais ?

Quand j'eus fini de parler, il me regarda en souriant. Il ne réalisait pas que j'étais maintenant assez forte pour l'arrêter.

15

Les jours suivants, Bill sembla garder ses distances, autant vis-à-vis de ma mère que de moi. Lors des rares occasions où elle allait jouer au bingo, maman me proposait toujours de l'accompagner, mais je refusais. Je ne voulais pas penser à ce qui arriverait si je voyais Bill ni à ce qu'il ferait si une seconde chance lui était accordée. Je ne doutais pas qu'il essaierait à nouveau de manœuvrer pour m'emprisonner dans son monde pervers. Un monde qu'il croyait aussi être le mien.

Je frissonnais toujours quand son nom apparaissait dans une conversation. J'avais envie de crier, d'appeler à l'aide, mais n'en faisais rien. Comme toujours, je restais silencieuse. Ses mots étaient toujours gravés dans mon esprit: «Personne ne te croira.»

Je me les chuchotais tout bas et leur amertume me donnait la nausée.

Même si Bill ne se montrait plus, je sentais sa présence. C'était comme si son existence s'était entremêlée à la mienne depuis toutes ces années, me suivant telle mon ombre.

Le soir, dans mon lit, je ressassais tout ce que j'avais subi en regardant les formes étranges projetées sur mes murs par les arbres du jardin. Je pensais à ma situation, à l'aide que j'aurais dû recevoir.

Pourquoi m'avait-il fallu tant de temps pour trouver la force de lui résister? J'avais l'impression d'avoir vécu dans son ombre; mais, à la différence des ombres mystérieuses qui tapissaient mes murs, celle de Bill n'était que trop familière et obsédante. Il y avait si longtemps que j'avais emmagasiné des images de ses actes abjects... Ma boîte à souvenirs était pleine à craquer. Il fallait que je m'en débarrasse avant qu'ils ne m'écrasent. Si je parvenais à déverser ma boîte dans la rivière, mes souvenirs couleraient et se noieraient, tout comme chacun des hommes qui avaient tour à tour abusé de moi m'avait noyée sous son poids.

Pendant quatre années, j'avais fait de mon mieux pour grandir au rythme d'une enfant normale; ces hommes ne m'en avaient pas laissé l'occasion. Chacun d'eux avait fomenté un plan contre moi et l'avait mis à exécution avec succès.

J'en arrivais à la conclusion que jamais je ne pourrais me réapproprier mon passé; seul l'avenir se tenait vierge devant moi. C'était à moi de changer le cours des choses. Un changement qui devait être radical pour prendre une nouvelle direction, loin de tous les tourments antérieurs.

Je savais ce que je devais faire, mais comment le faire? Cette question me torturait toujours, à en pleurer pendant des heures.

Peu à peu, les mots prirent forme dans mon cœur ; des mots qui seraient autant de flèches qui tiendraient Bill à distance, avec un peu de chance.

De manière inhabituelle, Bill ne se montra pas pendant près d'une semaine et demie. Étrangement, je me surpris à souhaiter sa visite – ce que je ne compris pas de prime abord, jusqu'à réaliser que c'était lié à l'exécution de mon plan : s'il ne venait pas, je ne pourrais pas me débarrasser de lui une bonne fois pour toutes. Je dormais toujours aussi mal, me tournant et me retournant dans mon lit pendant des heures, perturbée par de mauvais rêves qui donnaient vie à mes souvenirs au beau milieu de la nuit. Je détestais ces rêves ; chacun d'eux me faisait revivre une humiliation mêlée de haine et de dégoût. Chaque rêve était comme un tableau hyperréaliste. Chaque jour où Bill ne se montrait pas, ces rêves violents et saisissants peuplaient ma nuit, prenant sa place.

Et puis, sans prévenir, il arriva. Suffisant, droit dans ses bottes et plein d'espoir. Il comptait encore faire de moi sa chose. Il allait en être quitte pour un choc.

Bill entra dans la cuisine par la porte de derrière, en sifflotant. Il s'adossa contre l'évier, me lançant un clin d'œil à chaque fois qu'il regardait dans ma direction et pensait ne pas être vu. Je détournais systématiquement les yeux, parcourue de frissons, comme si des milliers de mille-pattes grouillaient sous ma peau. Avant même qu'il ne puisse me toucher, je me sentais vile, souillée. À son attitude, on aurait dit que je lui appartenais.

Il demanda si je pouvais l'aider à préparer des sandwichs. Papa le regarda, jeta un œil vers moi et hésita. Pendant un instant, je crus qu'il allait faire cesser ces agissements dont il n'était pas dupe, mais je me trompais. Il me regarda à nouveau une fraction de seconde et se tourna vers Bill pour donner son accord. En sortant de la maison, suivant Bill d'un pas lent, je me retournai vers mon père. Pourquoi n'avait-il pas arrêté cela? Il savait ce qui se passait et pourtant, il ne faisait rien. Qui était-il : mon père ou mon agent? J'aurais voulu exploser de rage en haut d'une montagne, en pointant un doigt accusateur vers mon agresseur, d'abord, puis vers mon père ensuite. Mais cela n'aurait servi à rien. C'est moi que l'on aurait jugée, eux auraient été pardonnés. Après tout, les adultes ne mentent jamais, n'est-ce pas?

Dans la voiture de Bill, je restai silencieuse, le laissant seul proférer ses absurdités. J'avais tout programmé avec soin, il fallait que je suive méticuleusement mon plan.

Arrivés devant l'appartement, il sortit le premier de la voiture. Je le suivis, prenant davantage de temps que d'habitude. Une fois dans l'immeuble, je traînai encore dans l'escalier. Bill soupira à plusieurs reprises, ce qui m'emplit de satisfaction, car je savais que je l'agaçais. La porte refermée, Bill enleva sa veste et ses chaussures. Je m'assis près de la cheminée. Il me regarda avant d'aller chercher son bol d'eau rituel dans la cuisine. Sans dire un mot, je continuais de l'observer. Il revint, posa le bol près du lit et s'approcha de moi.

Je me levai d'un trait.

Il sursauta et se recula momentanément, se demandant ce qui se passait. Mon cœur se gonfla à nouveau de satisfaction.

Debout devant moi, Bill avait l'air décontenancé par la soudaineté de ma réaction. Je voulus m'exprimer, mais ma nervosité reprit le dessus et aucun mot ne sortit de ma bouche. *Oh non, pas maintenant*, suppliai-je en silence…

Bill me prit la main ; je la retirai d'un geste brusque. Il me regarda comme à chaque fois qu'il n'obtenait pas ce qu'il voulait : un réel ressentiment animait ses yeux. À nouveau, il me prit la main et je la retirai.

— Qu'est-ce qui se passe, Sarah ? me demanda-t-il d'un ton sévère.

— Je ne veux plus… je ne veux plus que tu fasses ça.

C'était un éboulement de mots que j'essayais de contrôler.

— Je ne veux plus que tu fasses ça. J'ai une vie, des amis, je veux la vivre. J'ai quatorze ans ! Je veux redevenir moi-même, je ne veux plus être ton jouet.

Il restait là à me regarder.

— Je croyais que tu aimais venir avec moi. Tu veux peut-être autre chose ? Je te donnerai de l'argent, si tu veux. Tu pourras t'acheter des vêtements ou ce qui te fera plaisir. Tiens, je vais te donner cinq livres aujourd'hui…

Sa réponse me stupéfia et me laissa sans voix. Pour qui se prenait-il ? C'était tout ce que je valais, à ses yeux ?

— Je croyais que tu aimais ça, murmura-t-il.

Comment aurais-je pu aimer être abusée par un vieux dégueulasse comme lui ? Comment pouvait-il seulement imaginer que je pouvais *aimer* être abusée par un homme ? Mais dans quel monde pervers vivait-il ? Et pourquoi pensait-il que je voudrais en faire partie ?

Je réfléchis un moment avant de lui répondre :

— Je n'ai aucune envie d'être ici. *Je n'aime pas ça.* Je déteste ça, et je te déteste, toi aussi. À chaque fois que tu as posé les mains sur moi, chaque seconde, j'avais l'impression d'être un déchet qu'on piétinait.

Je continuai lentement, pour que mes mots parviennent bien à ses oreilles :

— Donne-moi une seule raison pour laquelle je voudrais rester ici, et te laisser faire ce que tu as prévu de faire, alors qu'il y a un monde à l'extérieur, un monde que tu m'as volé et que j'ai bien l'intention de retrouver avant que tu me voles le reste de ma vie !

Il s'affala sur la chaise à côté de moi, visiblement abasourdi. Il ne s'attendait pas à ce que je lui dise de telles choses. Après tout, c'était lui, l'adulte. Moi, je n'étais encore qu'une enfant.

— Je veux que tu restes avec moi, Sarah. Ce garçon ne t'aime pas vraiment, il se sert de toi…

— Et toi non, peut-être ?

— Je veux te voir plus souvent. Tu m'as manqué. Je pourrais continuer de te voir les jours où tu ne vois pas Paul ? Ça ne me dérange pas de partager.

— Tu ne comprends pas, hein ? J'ai grandi. Je veux que tu me laisses tranquille. Je ne veux plus te voir. Je veux vivre comme *je* l'ai décidé, pas comme tu l'as décidé pour moi. Je veux fréquenter des gens de mon âge. Ma vie m'échappe parce que c'est toi qui me l'as prise. Tu n'arrêtes pas de me voler du temps, des précieuses minutes, des minutes qui m'appartiennent, à moi, pas à toi.

Il semblait prêt à répondre, mais je devais terminer ce que j'avais commencé.

— Je veux récupérer ma vie avant qu'il ne soit trop tard, ajoutai-je avec hésitation.

J'attendis sa réaction. Mon cœur battait à tout rompre. Il me regarda et prit la parole d'une voix dans laquelle je sentais monter le venin :

— Je te trouve bien ingrate et injuste. J'ai essayé de te sortir de ton quartier de logements sociaux et de te faire découvrir autre chose.

Son accusation m'effarait : s'attendait-il vraiment à ce que je le remercie pour toutes les maltraitances auxquelles il m'avait soumise ?

— Autre chose ? Les seules autres choses que tu m'aies montrées sont les quatre murs de cet appartement et les dunes de Blackpool ! Je veux que tu me laisses tranquille. Je suis encore une enfant. Je ne te laisserai plus me faire ça, Bill.

Je restai un moment silencieuse, guettant sa réaction ; j'avais dit ces derniers mots avec plus de vigueur que je ne m'y attendais.

— Et comment comptes-tu m'arrêter ? reprit-il.

— J'irai voir la police, je leur dirai tout. Demain.

— Ne sois pas stupide. Ils ne te croiront pas.

— Moi je pense que oui. Combien de fois la voisine du dessous t'a vu me ramener chez toi ?

Il me parut alors se ratatiner en l'homme insignifiant qu'il était. Il perdait le contrôle. Il semblait totalement démuni.

Avais-je gagné? Avais-je abattu mon atout ou lui restait-il une carte maîtresse dans la manche?

Je le regardai se lever lentement et remettre ses chaussures, redoutant ce qu'il allait dire. Mais il ne dit rien. Il me fit simplement signe de sortir. Sur la route, il prit encore des chemins détournés pour me ramener chez moi. D'habitude, je lui demandais où nous allions, mais pas ce soir-là. Je ne voulais pas qu'il sache que je m'inquiétais. Cela lui aurait fait trop plaisir.

Cinquante minutes plus tard, j'étais à la maison. Il m'attrapa le bras avant que j'ouvre la portière:

— Tu le regretteras, Sarah, et tu le sais.

— Non, Bill, jamais. Mais toi peut-être, un jour.

J'attendis quelques minutes avant d'entrer dans la maison, le temps de reprendre mes esprits. Mon corps était secoué de frissons. Séchant mes paupières, j'ouvris doucement la porte de la cuisine et entrai. Maman regarda au-dessus de mon épaule, s'attendant à voir Bill.

— Il n'avait pas le temps d'entrer, Maman, mentis-je. Il doit aller quelque part. Il a dit qu'il te verrait au bingo.

Au moins, elle ne posa aucune question. J'étais soulagée – si elle avait insisté, j'aurais sans doute eu du mal à ne pas craquer et lui dire tout ce qui s'était passé. Elle continua de sortir les couverts et les assiettes pour mettre la table.

— D'accord, chérie. Le dîner est prêt.

Je passai une meilleure nuit, ce soir-là, après avoir pris un bain et mis tous mes vêtements au sale. Le plus important, maintenant, était de prendre un nouveau départ, sans penser aux images dégoûtantes qui emplissaient ma boîte aux mauvais souvenirs. Dans mon sommeil, je rêvai que j'en refermais le couvercle. Je voulais expulser cette boîte de mon esprit, mais elle était encore trop lourde et trop solidement fixée. La seule chose que je pouvais faire était de bien la clore, maintenant que je n'en avais plus besoin.

16

Durant l'année qui suivit, beaucoup de choses m'arrivèrent. Je sortais davantage et passais plus de temps avec Paul. Je commençais à profiter de ce qui restait de mon adolescence volée, parce que je savais que c'était la seule chose que je pouvais sauver. Mes années d'enfance avaient disparu à jamais, irrécupérables. Je ne comptais pas gâcher ce qu'il me restait : j'avais bien l'intention de vivre pleinement ma vie.

Personne ne me guidait, personne ne me montrait la bonne ou la mauvaise direction à prendre ; il n'y avait que moi, seule, progressant avec prudence. Tout ce que je pouvais faire était d'avancer, un pas après l'autre. Puis heure après heure. Et enfin, jour après jour.

Je tentais simplement de vivre, malgré les réminiscences traumatisantes du passé, essayant de répandre la joie et les rires là où la tristesse et les larmes avaient régné trop longtemps. Peu à peu, je mis de côté ce qui m'était arrivé, même si ce ne fut jamais facile. J'essayais de remplacer les souvenirs liés à Bill par mes propres bons souvenirs, ce qui n'était pas toujours simple, notamment lorsque les mauvais prenaient le dessus. Cependant, peu à peu, tous mes souvenirs douloureux cédèrent la place à ceux liés aux gens qui m'importaient et que j'aimais sincèrement.

J'avais les souvenirs que Paul m'offrait. De nouveaux souvenirs. De bons souvenirs. J'avais aussi ceux que Daniel m'avait laissés : des souvenirs radieux. Et puis surtout, j'avais ceux de Tom, qui comptaient le plus pour moi : c'était lui qui m'aidait dans les moments les plus difficiles. Lui qui m'avait le mieux comprise. J'avais passé avec lui des moments précieux et merveilleux.

Je devins très proche de Paul et, en 1977, à tout juste quinze ans, je tombai enceinte. J'avais tellement peur de la réaction de mes parents que je leur cachai ma grossesse pendant près de dix semaines. Maman était furieuse :

— Qu'elle s'en débarrasse, elle est trop jeune pour avoir un enfant ! cria-t-elle.

— Mais c'est mon enfant, je veux le garder.

— Tu feras ce qu'on te dit, ma petite, point final.

La colère lui montait au visage. Elle n'en démordrait pas.

— Et où est-ce qu'il est, lui, d'abord ? Pourquoi est-ce qu'il ne vient pas assumer ses actes ?

— Il est au travail, répondis-je. Il faut qu'il gagne sa vie.

— Eh bien, il n'a pas intérêt à se montrer dans les parages. Tu vas t'en débarrasser, Sarah. Il est hors de question que tu gardes un enfant à quinze ans.

Je tournai mon regard vers mon père, assis à l'opposé de la pièce.

— Je veux le garder. Vous n'avez pas le droit de me forcer. C'est mon bébé, et j'aurai seize ans quand il naîtra.

Maman explosa de colère :

— Tu feras ce que je te dis !

Papa choisit ce moment pour intervenir dans la conversation. Il voulait avoir son mot à dire, mais cela ne fit qu'excéder ma mère un peu plus.

— Elle aura seize ans quand le bébé naîtra, Evelyn, ça lui donne le droit de décider. Mais je vais te dire une chose, Sarah : comme on fait son lit, on se couche. Ne viens pas pleurer si tu ne t'en sors pas ou si ça tourne mal avec Paul. Ne compte pas sur nous pour recoller les morceaux. Si tu fais ce choix, tu devras vivre avec. Tu as compris ?

— Oui, papa.

Je sortis du salon en sachant que je ne devais rien attendre d'eux. Ils continuèrent de parler de moi, des conséquences financières et de leur incapacité à subvenir à mes besoins et à ceux du bébé ; ils n'en avaient tout simplement pas les moyens.

Le lendemain soir, je pris un bus pour retrouver Paul en ville. Il fallait désormais informer ses parents. Sa mère parut sous le choc – après tout, c'était la première fois qu'ils me rencontraient et ils apprenaient d'emblée que j'étais enceinte. Son père, furieux, se leva de sa chaise en traitant Paul de « pauvre idiot ».

— Tu as quel âge, jeune fille ? tonna-t-il.

J'allais lui répondre quand Paul me coupa la parole :

— Elle a dix-sept ans.

Pourquoi mentait-il à ses parents ? Pourquoi n'avait-il pas dit la vérité ? Après une demi-heure délicate, nous repartîmes et, tandis que nous marchions vers l'arrêt de bus, je demandai à Paul pourquoi il avait menti à propos de mon âge.

— Sinon mon père m'aurait donné la raclée de ma vie ! Il m'aurait expédié d'un coup de pied aux fesses à l'autre bout de la rue !

Ses grands yeux marron me lancèrent un regard onctueux et je gobai ses mensonges. Ce n'était pas tant que son père l'aurait frappé, mais plutôt que s'il avait découvert que je n'avais que quinze ans, il aurait su que son fils risquait d'être poursuivi pour détournement de mineure.

Ce soir-là, dans le bus, nous discutâmes de ce que nous allions faire. Nous convînmes de rester chacun chez nos parents jusqu'à ce que nous trouvions un appartement. Paul me dit que ce serait l'affaire de quelques semaines ; finalement, cela prit cinq mois. Entre-temps, Paul était venu une première fois à la maison et mon père s'en était pris à lui, lui disant qu'il n'était pas assez bien pour moi, mais que si c'était mon choix, alors il avait plutôt intérêt à subvenir à mes besoins.

La fois suivante, Paul m'avait expliqué que son salaire n'était pas suffisant pour louer un appartement et qu'il songeait à s'engager dans l'armée.

— Et nous alors ? Le bébé ?

Pour la première fois depuis ma grossesse, je doutai de ses sentiments.

— Vous pourrez vivre chez tes parents, non ? Et j'enverrai de l'argent chaque semaine pour le bébé.

— Bon, pourquoi pas, si c'est ce que tu veux...

— Je crois que c'est la meilleure solution, Sarah. Ce sera plus facile pour moi de vous aider.

Une heure plus tard, je le regardais s'en aller au bout de la rue. Il marchait d'un pas déterminé, la tête haute, soulagé. Je me demandais s'il m'avait parlé de son projet pour me faire peur et ne pas avoir à s'embarrasser d'un bébé. J'étais à deux doigts de penser qu'il aurait aimé entendre : « C'est bon, Paul, je ne veux pas être un fardeau. Oublie-moi, oublie le bébé et profite de ta vie. » Mais je ne lui aurais jamais dit cela, car ce bébé était aussi son affaire. Je portais son enfant, il devait assumer ses responsabilités un jour ou l'autre, alors autant commencer tout de suite.

Pendant deux semaines, il ne revint pas me voir. Je croyais qu'il nous avait abandonnés quand, un dimanche matin, il vint me dire qu'il avait trouvé un appartement à Ashley. C'était un grand studio sous les toits, dans un bon quartier. Il me plaisait beaucoup, même si je n'avais pas hâte de monter les trois étages avec un landau.

Une fois que j'eus quitté mes parents, ma relation avec eux évolua. Quand je leur avais dit que Paul avait trouvé un appartement, Maman avait changé d'attitude. Elle m'avait proposé de rester vivre avec eux. J'aurais ainsi pu reprendre mes études. En l'écoutant m'exposer sa façon de voir, je savais que cela ne fonctionnerait jamais. Je sentais que je ne serais pas la mère de mon enfant – ma mère le serait. Elle prendrait ma place, élevant mon enfant à sa manière. Elle me disait qu'elle irait se promener avec lui, qu'il dormirait dans leur chambre pour ne pas me déranger la nuit. C'est à ce moment-là que je compris que je le perdrais si je ne m'installais pas avec Paul. Je savais que mes parents me trouvaient trop jeune, mais au fond de moi, je me sentais prête à devenir une mère dévouée et attentionnée pour mon enfant.

Quelques jours plus tard, ma valise bouclée, je quittai la maison. Je n'avais pas encore seize ans. Paul vint me chercher et nous prîmes le bus ensemble. Tandis que j'allais partir, mon père me regarda affectueusement. Il m'attrapa par l'épaule, m'étreignit et me murmura quelques mots. Je pensais qu'il me présenterait des excuses pour ce qu'il m'avait fait, mais le « pardon » que j'attendais ne vint pas. Il me dit simplement que si jamais j'avais besoin d'eux, ou si je me posais des questions, je n'avais qu'à dire un mot et la maison me serait ouverte. Ses paroles et les projets de maman achevèrent de me convaincre du bien-fondé de ma décision. Cette vie était désormais la mienne, pas la leur, et j'étais certaine de réussir à surmonter les obstacles qui se présenteraient.

Plus important encore, je savais que je ne reverrais plus jamais Bill.

Notre enfant naquit six semaines plus tard : un magnifique et vigoureux garçon. Nous ne tardâmes pas à quitter le studio d'Ashley pour un appartement avec deux chambres, plus près du centre-ville.

Avant d'épouser Paul, je lui confiai mon passé. Je croyais prendre la bonne décision en lui révélant la vérité sur celle qui allait devenir sa femme. Ce fut la chose la plus difficile de ma vie.

Paul et moi avons partagé de bons moments, mais notre relation n'a jamais été aussi merveilleuse que je l'espérais. Il ne m'aimait pas vraiment comme je l'aimais. Pendant notre deuxième année de mariage, les choses se sont corsées et j'ai voulu le quitter car il buvait et dépensait tout notre argent. J'ai aussi découvert qu'il me trompait. Un soir, je lui ai annoncé mon intention et il a menacé de révéler mon passé à tout le monde, si je le quittais. J'aurais cru qu'il avait compris, mais ce soir-là il ne se révéla guère meilleur que les trois hommes qui m'avaient volé mes années d'enfance.

Mais je suis restée avec lui et, petit à petit, nous avons réussi à arrondir les angles. Je lui ai pardonné pour ce qu'il avait dit, mais je n'ai jamais cessé de penser qu'il me tenait pour responsable de ce qui m'était arrivé. Finalement, nous nous sommes séparés au bout de sept ans, malgré de bons moments. Entre-temps, la famille s'était agrandie : au cours de ces années, j'ai donné naissance à trois autres bouts de chou, trois autres fantastiques garçons.

Alors que mon couple touchait à sa fin, j'ai rencontré la personne qui allait changer ma vie à tout jamais. Il était 18 h 15, un soir début novembre, j'allais rendre visite à mes parents. À un arrêt de bus, on me présenta un ami du frère de Paul. À partir de ce moment-là, il prit une place immense dans ma vie et, quand Paul et moi divorçâmes l'année suivante, nous nous vîmes plus souvent et je finis par épouser cette personne extraordinaire.

Ces dix-neuf dernières années, il m'a tant donné. Nous avons même élargi le cercle familial, avec l'arrivée d'un cinquième fils. Mon mari a apporté de la chaleur, de la lumière et des rires dans ma vie. Il m'a témoigné de l'amour et de la compréhension. Il m'a protégée, rassurée et est devenu un formidable père pour nos merveilleux enfants.

Les abus dont j'ai été victime m'ont rendue très protectrice vis-à-vis de mes enfants. Je ne les ai jamais laissés jouer dans la rue quand ils étaient petits et j'ai fait tout mon possible pour les tenir à distance du danger. Je les surveillais en permanence. À lire la presse, j'avais bien conscience que beaucoup d'enfants risquaient encore de rencontrer des monstres qui, comme Bill, en faisaient leurs proies. Désormais, la seule différence était que ces terribles histoires arrivaient aussi bien aux garçons qu'aux filles.

La première fois que mon fils est allé au lycée, j'avais peur de le laisser prendre le bus tout seul. J'aurais aimé avoir le temps de l'emmener moi-même, mais mes autres garçons devaient être à l'école à 9 heures et le lycée se trouvait à près de dix kilomètres. C'était impossible. L'année scolaire n'avait commencé que depuis peu lorsqu'il vint me parler, un jour, de son cours d'éducation physique et de son professeur qu'il trouvait très gentil. Instantanément, la sonnette d'alarme retentit dans ma tête.

— Il ne t'a pas touché, dis-moi?

J'avais lâché ces mots avant de réaliser à quel point ils lui paraîtraient étranges.

— Qu'est-ce que tu veux dire, maman?

Ne pouvant ravaler mes paroles, je tentai d'en adoucir le sens:

— Est-ce qu'il est affectueux? Tu sais, est-ce qu'il te fait l'accolade comme pourrait le faire un ami?

— Mais non, maman, ne sois pas bête, c'est mon prof! C'est juste que c'est super de parler avec lui.

— OK, chéri.

Je le regardai sortir de la cuisine, traînant son sac de cours sur le sol derrière lui. C'était mon fils, mon aîné, une vie que j'avais protégée depuis son premier souffle. Je savais que si quiconque lui faisait du mal, à lui ou à un autre de mes enfants, je finirais en prison pour meurtre. Jamais je ne laisserais mes enfants subir ce que j'avais subi.

Tout ce que j'ai désormais est mon présent et mon avenir, et à chaque jour qui passe, de beaux souvenirs s'ajoutent à ma mémoire. Personne ne pourra me les voler car ils m'appartiennent véritablement, forgés avec l'homme que j'aime et la famille que nous formons.

Mes nouveaux souvenirs prennent désormais le dessus sur les mauvais, et la vieille boîte autrefois pleine à ras bord tombe aujourd'hui en poussière, loin de mon esprit. Chaque jour, un nouveau fragment de mauvais souvenir s'effrite puis disparaît, oublié à jamais.

Épilogue

Mon père tomba très malade en 1996, année où on lui diagnostiqua un cancer du larynx et du pharynx lors d'une banale extraction de dents en vue de la pose d'une prothèse. Quelques mois plus tard, sa bouche n'ayant toujours pas cicatrisé correctement, il fut adressé à un ORL à l'hôpital départemental. À la suite de sa première consultation, il subit une opération chirurgicale de vingt-huit heures après la découverte d'un bon nombre de tumeurs. Ce fut un moment très difficile. Ma sœur, mon frère et moi-même allions à l'hôpital chaque fois que les heures de visites nous le permettaient. On nous annonça que mon père serait capable de boire et manger deux semaines plus tard, mais les choses ne se produisent jamais comme on l'espère. En moins de vingt-quatre heures, il était de retour au bloc où il subit à nouveau seize heures d'intervention. Par la suite, il contracta des problèmes cardiaques et passa des soins intensifs au service cardiovasculaire.

Finalement, il réussit à surmonter tous ses problèmes et quitta l'hôpital quatre mois plus tard, aphone mais équipé d'un petit gadget qu'il plaçait sur le côté de son cou. Cela convertissait les vibrations qu'il émettait quand il tentait de parler en mots audibles par tous. C'était une invention merveilleuse, mais sa « voix » ressemblait à celle des robots des séries de science-fiction. J'ai détesté cette conséquence de sa maladie, car s'il y a bien des choses dont je me souviens clairement de mon père, je ne me rappelle plus le son de sa voix. J'ai prié Dieu pour qu'une seule fois, je puisse entendre à nouveau la voix qui avait été présente toute ma vie. Ma prière n'a jamais été exaucée.

Pendant six mois, mon père se porta correctement malgré quelques complications qui lui valurent de retourner à l'hôpital. C'est lors d'une de ces hospitalisations qu'on lui annonça une récidive de son cancer. Je n'avais jamais réellement cru qu'il était guéri, mais désormais les poumons étaient touchés et la maladie se révélait incurable. Deux ou trois mois plus tard, il retourna à l'hôpital, souffrant terriblement, mais n'en montrant rien. Il a toujours fait bonne figure. Il rentra à la maison pour quelques jours puis fut admis dans un hospice où il passa probablement les dix meilleurs jours de sa vie depuis le diagnostic de son cancer.

Nous allions le voir tous les soirs. Il était si fier de bénéficier de l'attention et des soins du personnel ! Un jour, posant son petit gadget sur son cou, il pointa du doigt l'une des nombreuses tasses de thé qu'il avait eues : « On me traite comme un roi, ici, dit-il. Je peux boire autant de thé que je veux, c'est fantastique ! » Il avait l'air si paisible ce jour-là… Le personnel avait réussi à le soulager de la douleur et, pour une fois depuis si longtemps, il avait l'air d'aller bien, si tant est que ce fût possible. Deux jours plus tard, il tomba dans le coma. Je passai des nuits à son chevet, avec Carolyn et Robert, à le regarder s'éteindre, expirant les derniers petits souffles de vie. C'est à ce moment-là que je commençai à me rappeler les événements de mon enfance, événements dont il avait été la cause et le témoin. Je lui parlai en silence, pour ne pas que les autres entendent.

« Pourquoi, papa ? Pourquoi as-tu fait ça ? Pourquoi n'as-tu pas arrêté ? Pourquoi ne m'as-tu pas aidée en me sauvant de Bill ? Pourquoi ne lui as-tu pas parlé, dit que tu savais, dit de laisser ta fille tranquille ? »

J'étais assise là, à écouter le cliquetis régulier de la pompe à morphine lui injecter dose après dose, consciente qu'il pouvait mourir à tout moment. Une fois ma sœur et mon frère sortis chercher une boisson, je me levai pour aller au chevet de mon père, lui chuchotant doucement :

— Pourquoi, papa ? Je te hais pour ce que tu m'as fait. Tu aurais pu arrêter Bill, mais tu ne l'as pas fait. Tu aurais pu arrêter de me toucher quand je te l'ai demandé, mais tu ne l'as pas fait. Tu m'as volé ma vie et le cancer te rend la monnaie de ta pièce.

À peine avais-je prononcé ces mots que j'essayais de les ravaler. Je m'assis au bord du lit, me penchai vers lui et l'embrassai doucement sur le front, lui demandant pardon pour ce que je venais de dire.

— Je suis désolée, papa. Je ne veux pas te perdre. S'il te plaît, ne pars pas.

Ce matin-là, six jours après être tombé dans le coma, il mourut. Mon père était parti, emportant avec lui sa culpabilité et sa honte.

Après m'être posée pour repenser à ces années et les coucher sur le papier, je dois admettre qu'à ma première relecture tout cela m'a paru impossible à croire. Comment trois hommes ont-ils pu contribuer à la destruction de la vie d'une fillette? Et agir sans aucun remords…

Je sais que ce qui m'est arrivé n'a rien d'inédit. Et je ne sais que trop bien que cela continuera de se produire, quoi qu'on puisse écrire. J'aimerais simplement qu'un jour les adultes qui abusent des enfants réfléchissent – ne serait-ce qu'un instant – aux conséquences qu'ils font peser sur la vie de ces enfants.

Les enfants ont une voix; une voix capable de formuler des mots que l'on devrait écouter.

Si ma tentative de suicide, à quatorze ans, avait abouti, je n'aurais pas découvert les personnes qui comptent tant pour moi, des personnes qui savent aimer quelqu'un malgré ses traumatismes et soigner ses cicatrices, apaiser suffisamment ses blessures pour lui permettre de se reconstruire. Ma vie déborde aujourd'hui de personnes qui m'aiment. J'ai une famille formidable, des fils extraordinaires et un mari hors du commun.

J'ai une sœur qui n'a pas été pour moi qu'une sœur, mais ma meilleure amie. Sans elle, certaines années que j'ai traversées auraient été invivables. Ma famille est pleine de personnes profondément bienveillantes et qui m'ont témoigné un amour immense. C'est à travers elles que ma force a pu grandir pour faire face aux démons qui se cachaient dans cette boîte.

Ceux-là ont reçu leur avis d'expulsion.

J'espère que ce livre aidera d'autres personnes qui, comme moi, trouveront en elles la force immense de se lever et de dire : « Stop. Ça suffit. Cette vie m'appartient. »

Remerciements

Ma reconnaissance la plus sincère va à mon mari, un homme merveilleux qui, lors de ces vingt dernières années, a été mon soutien, ma force et mon sauveur. Pendant bien des nuits, au cours de la rédaction de ce livre, il a veillé à me préserver un espace de liberté pour écrire. S'il entendait des tapotements énergiques sur le clavier de l'ordinateur, il s'en allait et vaquait à ses occupations, la plupart du temps à 2 ou 3 heures du matin. Mais, quelle que fût l'heure, il m'apportait régulièrement une tasse de thé pour me revigorer !

Sans tes encouragements et ta foi en moi, je ne pense pas que j'aurais réussi à devenir la femme forte que je suis aujourd'hui. Tu es véritablement un miracle pour moi : j'ai de la chance que tu aies uni ta vie à la mienne, pour partager chacun de ces merveilleux moments avec nos fils et moi.

Je t'aime à jamais.

Je voudrais également remercier mes garçons. Sans eux, ma vie n'aurait pas été aussi accomplie. Chacun d'eux m'a fait vivre des moments exceptionnels, précieux, que je chéris et conserve à l'abri dans ma boîte à souvenirs, comme autant de trésors. Vous êtes devenus de remarquables jeunes hommes. Chaque minute de chaque jour, j'ai vraiment de la chance d'être votre mère. Merci.

Il y a d'autres personnes que j'aimerais aussi remercier, des membres de ma famille et des amis avec qui j'ai de si bons souvenirs de fous rires, à en avoir eu mal au ventre ! Chacun de ces souvenirs a ajouté un peu de force dans mon cœur. Vous êtes tous extraordinaires : ma belle-famille, ma sœur et mes chers amis, M.-L., D., G. et J., K., S. Quel privilège de faire partie de vos vies... Merci à tous pour tout ce que vous m'avez apporté. J'espère que d'autres personnes ont la chance de recevoir autant que ce que vous m'avez donné.

Et enfin, pour toi, maman, n'oublie jamais ceci : je t'aimerai toujours.

Ce livre est dédié à toutes les femmes qui, comme moi, ont gardé des secrets dont elles n'ont parlé à personne. J'espère que mes mots vous auront aidées. Ne vous apitoyez pas sur mon sort. Laissez le passé derrière vous, comme j'ai fini par y parvenir. Allez vous promener sur la plage et enfouissez vos mauvais souvenirs sous le sable : le flux et le reflux des marées emporteront la tourmente des images que vous avez tenues cachées.

Prenez une profonde inspiration, faites demi-tour et éloignez-vous à tout jamais.

Je sais que c'est probablement ce que vous aurez de plus difficile à accomplir, mais vous pouvez y arriver. Chaque jour n'a pas à vous paraître comme un Everest à gravir. Ayez confiance en vous, laissez-vous envelopper par la chaleur d'un nouveau soleil. Laissez se produire la guérison.

Nous aurons alors remporté – vous et moi – notre bataille la plus intime.

Plus personne ne peut nous faire de mal.

Nous sommes des survivantes.

Je vous en prie, affirmez vos droits ; ne gardez pas le silence, comme je l'ai trop longtemps fait. Nous devons faire en sorte que cela cesse et protéger les enfants encore innocents des monstres qui surgissent de l'ombre pour jouer à des jeux dont nous ne voulons plus.

COLLECTION « TÉMOIGNAGES »

Nura ABDI, *Larmes de sable*, 2008.
Sameem ALI, *Le Voile de la douleur*, 2013.
Sean BOYNE, *Mon père m'a vendue*, 2015.
Sascha BUZMANN, *Le Jouet du prédateur*, 2015.
Catherine BARNERON, *Et pourtant, tu étais ma maman*, 2017.
Michael CLEMENGER, *Dans l'enfer de l'orphelinat*, 2015.
Candice COHEN-AHNINE, *Rendez-moi ma fille*, 2014.
Hope DANIELS, Morag LIVINGSTON, *Abandonnée de tous*, 2016.
Choga Regina EGBEME, *Je suis née au harem*, 2007.
Amale EL ATRASSI, *Louve musulmane*, 2014.
Cathy GLASS, *Violentée*, 2013.
Cathy GLASS, *Ne dis rien*, 2014.
Cathy GLASS, *Maman dit que c'est ma faute*, 2015.
Cathy GLASS, *La Petite Princesse de papa*, 2017.
Doris GLÜCK, *Niqab*, 2011.
Julie GREGORY, *Ma mère, mon bourreau*, 2011.
Katie HARRISON, *Les Larmes de Daisy*, 2014.
Danie LIEROW, *Sauvée par l'amour*, 2015.
Lilly LINDNER, *Moi, Lilly, violée, prostituée*, 2015.
Lizzie MCGLYNN, *Je te pardonne, papa*, 2015.
Sharon MCGOVERN, *Terrifiée*, 2014.
Senait MEHARI, *Cœur de feu*, 2009.
Hélène MONTEL, *Détruite*, 2016.
Mende NAZER, *Ma vie d'esclave*, 2008.
Jonathan OLIVER, *Cécile, ma fille, ma disparue*, 2017.
Tina ROTHKAMM, *Mon combat pour libérer ma fille*, 2016.
Ouarda SAILLO, *J'avais 5 ans*, 2010.
Raluca STERIAN-NATHAN, *L'Âme tatouée*, 2013.
Jacky TREVANE, *Fatwa*, 2008.
Judy WESTWATER, *Abandonnée*, 2011.
Adeline YEN-MAH, *Feuilles d'automne*, 2017.

Cet ouvrage a été composé
par Atlant'Communication
au Bernard (Vendée)

Impression réalisée par

CPI

en décembre 2017
pour le compte des Éditions Archipoche

Imprimé en Espagne
N° d'édition : 488
Dépôt légal : janvier 2018